JN098344

ピア活動で身につける

# アカデミック・スキル入門

伊藤奈賀子・河邊弘太郎・坂井美日 編

有斐閣ブックス

# 新入生のみなさんへのメッセージ

　本書は，みなさんに大学での学びの基盤となるアカデミック・スキルを修得してもらうことを意図して編集されたテキストです。大学での学びは高校までのものとは内容も学び方も大きく異なります。専門性に基づく高度な内容が扱われますし，そうした内容をただ漫然と聞くだけでは十分な成果を得ることができません。十分な学習成果をあげるには能動的な学習態度が必要ですし，それを可能にするアカデミック・スキルが不可欠です。

　アカデミック・スキルは，授業に参加しさえすれば身につくというものではありません。さまざまな情報を精査しながら自分の頭で考えることと，その結果を表現することがなければ，アカデミック・スキルは修得できません。表現の仕方としてプレゼンテーションやレポートなどがありますが，他者に質問することや議論の場で自分の意見を述べることも含まれます。また，言語表現だけでなく，プレゼンテーション時の身振り手振りなどの非言語表現も重要です。

　このことは，大学での学び全体にも当てはまります。実際に他者に対して表現するかどうかはともかくとして，授業で学んだ内容について自分なりに考えること，そして表現しようとすることによって，学習内容が定着し，次の学びの土台が築かれていくのです。

　そして，能動的な姿勢が必要なのは，実は大学生活全体にもいえることです。大学で学ぶにあたって，不安を抱いている人もいるかもしれません。高校までとは質の異なる学び方をしなければいけませんし，授業ごとに顔を合わせるメンバーも違う中で人間関係を築くのも容易ではありません。それでも，友達がほしいと思うのなら，自分なりに考え，その思いを表現することが必要です。誰かが声をかけてくれるのを待つのではなく，自ら行動する積極性をもちましょう。そうした能動的な姿勢が大学生活を充実させる基礎になります。

　本書を通じて，みなさんが必要なアカデミック・スキルをしっかり身につけ，大学での学び，さらには大学生活全体を充実したものとしてくれることを願っています。

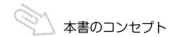 本書のコンセプト

　本書で取り上げられている内容は，2016 年に刊行した『大学での学びをアクティブにする　アカデミック・スキル入門』とその内容を発展させて 2019 年に刊行した『大学での学びをアクティブにする　アカデミック・スキル入門〔新版〕』を引き継いでいます。どちらも実際の大学の授業でテキストとして活用されてきました。そうした中で新たに取り上げるべき内容や修正すべき点が生じました。このような背景を踏まえて本書が刊行されるに至りました。そのため，本書は基本的に授業のテキストとして用いられることを想定しています。

　本書では，これまでに刊行した 2 冊よりさらにピア活動（学生同士の活動）を重視することにしました。どの章もピア活動を重視した内容にしています。

　新型コロナウイルス感染症が急速に広がった 2020 年度以降，わが国の大学の授業形態は大きく変わりました。それまでほとんどなかった遠隔授業は一般化し，授業の目的や受講者数などに応じて用いられるようになりました。

　そうした中，あえて時間を合わせて集い，共に学ぶのであれば，そこに参加する学生が参加する意義を実感できるような授業を行う必要があるのではないかと私たちは考えました。対面授業を行う意義や，対面か遠隔かを問わずリアルタイムで授業を行うことの意味が問われる中，私たちなりの答えが本書です。

　その一方で，過去 2 冊で重視した，授業時間以外の学びの充実という方針については，今回も引き継いでいます。各章で予習のための**事前学習**と 課題 を示し，その成果を活かした授業運営を行うことを想定しています。そのため，**授業**では 課題 を踏まえた 活動 が取り入れられています。また，復習用の**事後学習**を示すことによって，授業時間だけで学習を途切れさせることなく，授業でのピア活動を通じて発展させた自分の考えをさらに練りあげる機会を設けています。また，**発展的学習**や**本章の参考文献**を示すことで，このテキストを用いた授業に留まらない自主学習を支援しています。

　そして本書の学びを支えるものとして**ワークシート**を準備しています。**ワーク**シートを予習や授業での活動に用いることで，学習をより効率的・効果的に進めることができるでしょう。

　本書で重視しているピア活動を基礎とした授業運営と授業時間外の学習の支援は，いずれも学生の大学での学びに適した学習習慣修得と学習への動機づけ，そして，その結果としての学習成果向上を目指したものです。本書がそのために活用されることを願っています。

 ## アカデミック・ライティングとは

　本書はみなさんに，ピア活動を通じてさまざまなアカデミック・スキルを修得してもらうことを目的としており，そのための具体的な行為がアカデミック・ライティングです。アカデミック・ライティングという用語は，直訳すれば「学術的に書くこと」です。大学での学びにおいて書くことといわれると，みなさんの頭の中にはレポート作成が浮かぶかもしれません。確かにレポートはアカデミック・ライティングの成果物の1つです。

　しかし，アカデミック・ライティングとは，いわば学問的な成果を踏まえて，学術的な方法論に則って書くことに関する包括的な概念です。ですから，文章だけでなく図や表を含むこともありますし，パワーポイントなどのプレゼンテーション資料を作成することもアカデミック・ライティングの1つとして位置づけられます。レポートや学術論文を書くことだけがアカデミック・ライティングではないことを頭に入れておいてください。

有斐閣ウェブサイトにて，講義にお使いいただける「ワークシート集」と「授業ガイド」を提供しています。ぜひ，ご利用ください。

https://www.yuhikaku.co.jp/books/detail/9784641184657

# 執筆者紹介 （執筆順，✲は編者）

## ✲伊藤 奈賀子 ● いとう ながこ

第1章，第16章，第23章

所属・職位：鹿児島大学 学術研究院 総合科学域 総合教育学系 教授
主担当組織：鹿児島大学 総合教育機構 高等教育研究開発センター
専門分野：高等教育論，教育社会学
学　　位：博士（教育）

## 森 裕生 ● もり ゆうき

第2章，第9章，第13章，第15章

所属・職位：熊本県立大学 共通教育センター 准教授
主担当組織：熊本県立大学 共通教育センター
専門分野：教育工学，学習科学
学　　位：博士（人間科学）

## 渡邊 弘 ● わたなべ ひろし

第3章，第6章，第10章，Column ❶，❸，❺，❻

所属・職位：鹿児島大学 学術研究院 総合科学域 総合教育学系 准教授
主担当組織：鹿児島大学 総合教育機構 共通教育センター
専門分野：憲法学，法教育学，NIE（教育に新聞を）論
学　　位：修士（教育学）

## 的場 千佳世 ● まとば ちかよ

第4章，第7章，第8章，Column ❷

所属・職位：鹿児島大学 学術研究院 総合科学域 総合教育学系 助教
主担当組織：鹿児島大学 総合教育機構 共通教育センター
専門分野：哲学，倫理学
学　　位：博士（学術）

**＊河邊　弘太郎** ● かわべ こうたろう

第5章，第11章，第12章，Column ❹

**所属・職位**：鹿児島大学 学術研究院 総合科学域 総合教育学系 准教授
**主担当組織**：鹿児島大学 総合教育機構 共通教育センター
**専門分野**：動物遺伝学
**学　位**：博士（農学）

**藤村　一郎** ● ふじむら いちろう

第14章

**所属・職位**：鹿児島大学 学術研究院 総合科学域 総合教育学系 准教授
**主担当組織**：鹿児島大学 総合教育機構 キャリア教育支援センター
**専門分野**：政治学
**学　位**：博士（政治学）

**＊坂井　美日** ● さかい みか

第17章，第18章，第19章

**所属・職位**：鹿児島大学 学術研究院 総合科学域 総合教育学系 准教授
**主担当組織**：鹿児島大学 総合教育機構 共通教育センター
**専門分野**：日本語学
**学　位**：博士（文学）

**中島　祥子** ● なかじま さちこ

第20章，第21章，第22章

**所属・職位**：鹿児島大学 学術研究院 法文教育学域 法文学系 准教授
**主担当組織**：鹿児島大学 法文学部 人文学科
**専門分野**：日本語教育，異文化間教育
**学　位**：修士（文学）

**イラスト**：坂井 保日
**資料作成協力**：齋藤遼太郎

# 目　次

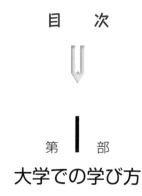

第 **4** 章

**論証とは何かを理解し，批判の基本を知る** • • • • • • 35

第 **5** 章

**プレゼンテーションやレポートの
テーマを考える** • • • • • • • • • • • • • • • • • • • • 43

第 **6** 章

**データの見方を知る** • • • • • • • • • • • • • • • • • • • 53

# CONTENTS

第 **II** 部

# グループ・プレゼンテーション

## 第**10**章

### プレゼンテーションの構成を検討する ●●●●●●●● 106

## 第**11**章

### プレゼンテーションの構成に沿った
### 適切な資料を作成する ●●●●●●●●●●●●●● 118

## 第**12**章

### プレゼンテーションで話す内容を考える ●●●●●●● 130

# CONTENTS

第 **13** 章

## 効果的な質疑応答にするため話し合う ········ 139

第 **14** 章

## プレゼンテーションにふさわしい 振る舞いをする ········ 153

第 **15** 章

## プレゼンテーションを振り返り, 改善策を立案する ········ 166

第 **III** 部

# 論証型レポート

## 第**16**章

### 学術文章を書く際の心構えと注意点を知る ●●●● 178

## 第**17**章

### 文章を読み，正確に理解する ●●●●●●●●●● 190

## 第**18**章

### レポートにふさわしい形式と表現で書く ●●●●●●● 200

第 **23** 章

推敲・添削をする ●●●●●●●●●●●●●●●●●●●●●●●●● 256

# 第 I 部

## 大学での学び方

academic writing

critical thinking

reading and listening for information

giving presentations

written and spoken communication

# 第 1 章

## 大学で学ぶ意義と
## 授業の受け方を知る

### テーマの概要

　本章では，大学で学ぶ意義と，本書を用いた授業を通して身につけたいスキル，そしてそのスキルを身につけるための授業の受け方について考えます。

　「授業の受け方？」と不思議に思うかもしれません。ここでいいたいのは，授業を受けることとは教員の話を聴くことと一致するわけではないということです。もちろん，授業を受けることの中に教員の話を聴くことは含まれます。しかし，それは授業を受けることの一部でしかありません。

　大学では，教員の話を聴くだけでは十分な学びの成果を得ることはできません。もう少し具体的に考えてみましょう。

　大学では高度な専門的知識を学びます。初めて耳にする高度な専門的知識を一度聴いただけで即座に理解し，記憶し，必要な場面で用いることができるでしょうか。理解するには自分なりに考え，咀嚼し，表現することが必要です。授業を受ける際には話をただ聴くだけでなく，聴いては考え，考えては質問したり，メモやレポートを書いたりするという能動的な姿勢が必要です。

　能動的な姿勢で学習に取り組むことを通じて，大学での学びの成果は得られます。その成果こそ，みなさんが大学で学ぶ意義を示すものです。そして，能動的に学ぶためには，自分なりの目標や目指す自己像をはっきりもつことが大切です。

みなさんは大学生活を通してどんな力を身につけたいと考えていますか。ここでは，自分が身につけるべきスキルとそのための授業の受け方，そして，大学で学ぶ意義について考えていきましょう。

## 本章の達成目標

- 自分の現状を振り返って自分が身につけるべきスキルを設定できる。
- 自分が身につけるべきスキルを踏まえ，そのために必要な授業の受け方について説明できる。

# 1
## 事 前 学 習

### (1) 大学での学び方と単位制度

大学で学ぶ意義はそれぞれ異なります。ある専門職に就きたいと考えて学部・学科を選んだ人にとって，大学で学ぶ意義は非常に明確です。目指す職業に必要な知識やスキルを身につけるためです。

一方，入学したものの大学で学ぶ意義がはっきりしていない人もいるでしょう。関心のある分野に基づいて学部・学科を選んでいても，そこでの学習を通じて何を身につけたいのか，どうなりたいのかを意識しているとは限りません。

大学での学習を始めるにあたっては，自分がここで学ぶ意義を自分なりに明確にする必要があります。なぜなら，大学での学びには能動的な姿勢が不可欠であり，能動的であるには自身の目標をはっきりさせておかなければならないからです。

受動的な姿勢で授業を受けても十分な成果はあがりません。授業とは，教室でぼんやり教員の話を聞くことではありません。話を聴く中で自分なりに疑問

をもち，考え，意見をもつことが重要です。そうした学習活動の積み重ねによって，批判的に考える力や考えを明らかにする際の表現力が培われていきます。

　考えるためには時間が必要です。授業が終わってから授業の内容について資料を見ながら振り返り，次回の授業でとくに注意して聴くポイントをまとめておくと，より高い学習成果をあげられるでしょう。能力やスキルを高めるためにはしっかり時間をかけることも必要です。

　このことは，単位制度の考え方とも一致します。

　単位制度の基礎にある考え方は，学習を終えたときに身につけているべき学習成果をあらかじめ想定して，そのために必要な時間を設定するというものです。その時間の学習をしたことをもって単位が認定されます。

　具体的には，大学設置基準において「1単位の授業科目を45時間の学修を必要とする内容をもって構成することを標準」とすると定められています。そして，「当該授業による教育効果，授業時間外に必要な学修等を考慮して，おおむね15時間から45時間までの範囲で大学が定める時間の授業をもって1単位として単位数を計算する」と規定されています（大学設置基準第21条第2項）[1]。自分が今受けている講義について考えてみてください。それが2単位の講義の場合，90時間の学修が必要ということです。多くの大学の授業時間は90分であり，多くの大学ではこれを2時間とみなすのですが，2時間の授業を15回受けても30時間にしかなりません。必要とされる90時間の学修の3分の1にすぎません。ということは，残りの60時間は授業時間外に学修しなければならないのです。

　自分で能力やスキルを身につけるために授業時間外にも学んでいれば，結果的に単位制度に則った学習時間に至るのではないでしょうか。ただし，単位制度は学習時間の参考にはなりますが，単位制度に合わせて学習時間を決めるのでは本末転倒です。必要なのは，能動的に学ぶことです。わからないことや気になったことは調べる，質問するという姿勢をもちましょう。

---

1　大学設置基準等の一部を改正する省令（令和四年文部科学省令第三十四号），令和4年9月30日公布／令和4年10月1日施行。

(2) 　課題：学習目標を立てる

　この授業の目標を立てましょう。より具体的には，「この授業で身につけたいスキル」とそれを挙げた理由を ワークシート📝 I−1−1 に書き込んでください。みなさんが大学生の間に身につけたいことはたくさんあると思いますが，それらすべてをこの授業だけで達成することはできません。この授業はみなさんにアカデミック・スキルを修得してもらうことを意図しているので，「この授業で身につけたい（アカデミック・）スキル」の中から具体的な目標を挙げましょう。

　そうはいっても，アカデミック・スキルとは何かについてみなさんは説明できるでしょうか。批判的に考えることや論理的に表現することなどが挙げられますが，それだけでは具体性に欠けてわかりにくいかもしれません。そんなときは，本書の目次を見てみてください。各章で取り上げられている内容の1つひとつがアカデミック・スキルに関わっています。こうしたアカデミック・スキルの中から，とくに自分にとって重要なものを挙げてみましょう。とにかくできるだけ具体的に考えることが重要です。

　人前で話すのが苦手だという場合を例として考えてみます。緊張して言葉が出てこなくなってしまうという人もいれば，緊張はしないにもかかわらず，何を言っているのかわからないといつも言われるという人もいます。原稿を読み上げることはできるけれども，表情が硬く身振り手振りもつけられずいつも棒立ちだという人もいるかもしれません。「苦手」と一言でいってもその中身は非常に多様です。自分が日頃から感じていることをより具体的に掘り下げ，「目標を立ててみてください。

　自分の苦手から考えるのではなく，自分が得意としていることをもっと伸ばすための目標設定もあり得ますし，得意／苦手という軸ではなく「今後の必要性」から考えることもできるでしょう。自分の学習目標についてさまざまな視点から検討してみることも重要です。これは多角的な視点から物事を考えるトレーニングにもなるので，まずは「この授業で身につけたいスキル」を設定してみましょう。

　なお，目標を設定したら，折に触れて自己評価をすることも大切です。授業

でいえば各回，あるいは一連の活動が一段落した際などに，自分は目標とした
スキルを修得できているのか，今のペースで授業終了時までに修得できるのか，
といった点について自己評価を行いましょう。そして，そうした評価結果を踏
まえて自分の学習行動を改善する習慣をもってください。このような活動を一
歩一歩着実に行うことで，アカデミック・スキルは身についていきます。

# 2
## 授　業

### (1)　導　入

　課題で身につけたいスキルとそれを挙げた理由を書き込んだ**ワークシート**
📓 I-1-1 を見ながら考えてみてください。そこに書き込まれているスキル
は，この授業が終わるころどのくらいのレベルまで到達させることができるで
しょうか。

　たとえば，プレゼンテーションに関して，質疑応答をうまくやり遂げるスキ
ルを身につけたい場合を考えてみましょう。質疑応答に関するスキルですから，
実際に他の人のプレゼンテーションに対する質問をしてみたり，他の人から質
問を受けて答えたりする経験をしなければ高めることはできないでしょう。し
かし，実際にそうした経験をする機会は，この授業だけでは限られています。
その一方，質疑応答はプレゼンテーションの場だけでなく，グループ活動をし
ている際にも可能だと考えることもできます。グループで話し合っている最中

に，他のメンバーに質問をすることはできるでしょう。そうした機会を活用することで，質疑応答に関するスキルの向上は一層図れます。

また，「自分はインターネット上の情報を鵜呑みにしがちで情報に振り回されることが多いので，情報を精査するスキルを高めたい」と考えている人の場合はどうでしょうか。プレゼンテーションの資料で他者が実施したアンケート結果を用いる場合にはその実施主体や実施方法，回収率などをしっかりと確認し，活用してよいものかどうかを判断することが必要です。このことは，自分が資料を作成する際だけではなく，グループの他のメンバーが担当する場合にも当てはまるでしょう。情報を精査するスキルを高める機会は少なくないのです。

授業で行うであろう活動をできるだけ具体的にイメージして，授業終了時の到達目標を ワークシート📝 1-1-1 に追記しましょう。

### ⑵　他者と協働で学ぶ意味①：アイスブレイクから始める

この授業では，自分の考えや提示された課題に対する回答を書きこんだワークシートを持ち寄り，授業時間はペアやグループでの活動を通じて学習を進め，授業後には事後学習を行います。このような形を採るのは，大学での学び方として授業前後の時間の使い方を知り，学習習慣として身につけてもらうためです。また，授業時間を他の学生と共に学ぶ貴重な時間として，できるだけ有効に使ってほしいとも考えています。同輩・同僚をピア（peer）といい，ペアやグループでの活動はピア活動の1つです。ピア活動の意義や効果的な進め方については，次の第2章で取り上げるので，活動を始める前に目を通しておいてください。

ピア活動が効果的だといわれても，あまり言葉を交わしたことのない人と話し合うのは緊張して当然です。そこで，ピア活動を本格的に始める前に緊張をほぐすために行われるのはアイスブレイクです。ここではまず，アイスブレイクとして自己紹介をしてもらいます。

アイスブレイクで重要なのは緊張をほぐし，話しやすい空気を作り出すことです。ですから，話を始める際には，じっくり考えなければ答えられないことや意見を述べるのが難しい内容を取り上げるのはふさわしくありません。誰で

もすぐに何か一言は言えそうなこと，できればちょっと笑いが起きるようなことから始めましょう。たとえば以下のようなものが考えられます。

✎　今迷っていること

- この授業ではどんなキャラでいくのか
- あるサークルに入るかどうか
- 自転車を買うかどうか

✎　大学生の間にやってみたいこと

- 海外1人旅をする
- バンドを組んでステージに立つ
- 起業する

　こうしたことを取り入れながら，まず自己紹介をしましょう。自分の氏名の他，所属学部・学科などを挙げるのが定番ですが，それだけではその人の人となりもわかりませんし，話しやすい空気も生まれません。そこで，先ほど挙げた「今迷っていること」や「大学生の間にやってみたいこと」などを一言付け加えましょう。また，聴く側もただ聴くのではなく，興味を惹かれるワードが出てきたら積極的に質問してみましょう。なお，質問されると緊張してしまう人もいるかもしれませんが，質問が出るのは関心をもってもらえた証です。ぜひともポジティブに受け止めてください。

### (3)　他者と協働で学ぶ意味②：他者とアイデアを共有する

　少し緊張がほぐれたところで，　活動 ❶ に移りましょう。記入した**ワークシート**📋1-1-1の内容をグループで発表し合います。グループとして1つのアイデアにまとめる必要はまったくありません。互いに自分の考えを示し合い，視野を広げることがここでの活動の目的です。
　発表する際には，うまく伝えるための声の大きさや抑揚のつけ方，表情についても考えて実践してみましょう。自分とまったく視線が合わず，ただワークシートに書いた通りに読み上げているだけの内容にはなかなか関心をもちづら

いでしょう。話し方や振る舞い方次第で，同じ内容であっても受け取る側の印象は大きく変わります。こうした点については第Ⅱ部でとくに取り上げていますから，目を通してできることから試してみてください。たとえ短時間の発表であっても貴重な練習の場です。

　個々の発表の後は，発表し合った内容をさらに発展させて，授業時間中のどのような活動によってそのスキルの向上が可能かについて，グループで一緒に考えてみましょう。今，「自分がこの授業を通じて身につけたいスキル」「そのスキルを挙げる理由」「授業終了時までに目指すそのスキルの到達レベル」という３つが**ワークシート**📝Ⅰ-1-1にまとめられています。まだ授業での具体的な活動との関連は示されていません。今回が授業の初回ですから，授業でどんな活動をするかはよくわからないかもしれません。しかし，授業の計画についてはすでに説明を受けたのではないでしょうか。その説明に基づき，なるべく具体的に考え，学習に対するモチベーションを高めておきましょう。

### (4)　他者と協働で学ぶ意味③：グループで考えをまとめる

　そして，グループで１つのものを作り出す経験をしてみます（ 活動 ❷ ）。グループ名をつけてください。簡単なことだと思った人もいるかもしれませんね。ですが，皆が互いの表情を読み合って何も言わない場合など，意外に時間がかかることも多いのです。

　グループ名をつける場合に限らず，グループで何かを決めようとする過程を通じて，積極的に意見を言う人，司会進行が上手な人，意見をまとめるのが上手な人など，互いの性格が少しずつ見えてきます。もちろん，ポジティブな側面だけでなく，やる気がなさそうな態度の人などネガティブな面があらわになることもあるでしょう。ポジティブかネガティブかはともかく，互いについて知っておくことは今後のグループ活動を建設的に進めるために重要なので，しっかり取り組みましょう。重要なのは，グループ名をつけることを通じて互いを知ること，そして複数人で何かを決める際にとるべき適切な振る舞い方を体得することです。

　大学では，グループあるいはクラス全体に対して自分の考えを発表する機会が多くなります。ワークシートやメモにまとめた内容を読み上げることが発表

だと思っているかもしれません。確かに，言うべきことを言ったという側面だけを見ればその通りです。しかし，それだけで十分でしょうか。

　発表の場は，どのように話せばうまく伝わるか，どんな表情・振る舞い方をすればよい印象を与えられるかなどについて考え，実践できる貴重な学習の機会です。たとえば，これから本書の 活動 で取り組む発表は，そのために資料を作るわけでもありませんし，グループでの発表ですから聴衆も少人数です。それでも練習の機会にはなります。プレゼンテーションにふさわしい振る舞い方については第14章で取り上げています。また，他の人の発表に対して質問したい場合には，第13章の内容が参考になるでしょう。

# 3
## 本章のまとめ

　本章では，大学での学びを始めるにあたっての留意点について述べました。特定の専門分野での学びや資格取得を意識して大学に入学した人にとっては，アカデミック・スキルの修得といわれてもその意義がわかりにくいかもしれません。ですが，どのような分野においても，これから大学で学ぶさまざまな知識・スキルをより深く，広く身につけるには，その基礎となるアカデミック・スキルが不可欠なのです。アカデミック・スキルの意義を理解して，これからの学習に主体的に臨みましょう。

# 4
## 事 後 学 習

　ワークシート📝Ⅰ-1-1に挙げた「この授業で身につけたいスキル」を踏まえ，この授業にどのような姿勢で臨むかについて ワークシート📝Ⅰ-1-2にまとめましょう。この授業のどのような活動にどのように関わることでそのスキルが身につくのかについて考えてみてください。

# 5
## 発展的学習

　他の授業についても，その授業で身につけたい知識やスキルについて考え，それに応じた姿勢で授業に臨みましょう。すべての授業がアカデミック・スキルの修得を目的としているわけではなく，専門的知識の修得が最大の目標という授業もあります。シラバスを見直しつつ，自分なりの目標を立てて授業を受けるようにしましょう。

> さらに学びたい人への文献案内
>
> 戸田山和久（2020）『教養の書』筑摩書房.
>
> 上田紀行編著（2020）『新・大学でなにを学ぶか』岩波書店（岩波ジュニア新書）.

# 第**2**章

## ピア活動の意義を理解し, 話し合いを有意義なものにする

### テーマの概要

　本章では, ピア活動における「話し合い」を効果的に行うためのポイントを学びます[1]。

　みなさんは「話し合い」と聞いてどのようなことを思い浮かべますか。中学校や高校での生徒委員会, 部活動のミーティング, 企業で行われている会議のようなものを思い浮かべる人が多いと思います。「話し合い」という言葉からもわかる通りですが, 話し合いには必ず他者が存在します。他者とのコミュニケーションを通して, 意思決定をしたり, アイデアを改善したりします。

　ところで, みなさんは話し合いや他者とのコミュニケーションは得意でしょうか。大学で学生のみなさんと話していると, 人前で話すことは「緊張する」や「苦手だ」といった話を多く耳にします。

　大学の授業では, 学生同士で話し合いを行う授業が多く実施されています。また, 卒業し就職した企業でも会議は頻繁に行われることでしょう。そこで本章では, 意志決定やアイデアの改善を効率的に行うために, 話し合いのポイントについてピア

---

1　本章の内容は, 『大学での学びをアクティブにする　アカデミック・スキル入門〔新版〕』第2章「話し合いを効果的にする」の内容を加筆・修正したものです。

活動で実践しながら学んでいきます。

## 本章の達成目標

- [ ] 話し合いの目的を他者に説明することができる。

- [ ] 話し合いを効果的にするポイントを他者に説明することができる。

- [ ] 話し合いを効果的にする技法を実践することができる。

# 1
## 事 前 学 習

(1) 課題：これまで参加した話し合いの振り返り

まず，事前学習としてこれまで参加したことのある話し合いを振り返ります。中学校や高校での経験などを思い出してください。参加したことのある話し合いを思い出し，以下の4つの項目を，回答例を参考に ワークシート 📝 I-2-1 埋めてみましょう。

---

❶ いつ，どこで行われた話し合いか？

❷ 何がテーマだったか？

❸ メンバーはどのような人たちだったか？ 何人いたか？ 役割はあったか？（司会者の有無など）

❹ 自分はどのように参加したか？ 発言はできたか？ 発言した場合，どのような内容だったか？

---

回答例

❶ 高校時代・野球部

❷ キャプテンの選出
❸ ２年生部員と顧問（司会者）
❹ 基本的には聞いていることが多かった。顧問の先生から話を振られたときだけ，チームを盛り上げてくれる A さんをキャプテンに推薦した。

# 2

## 授　業

(1) **導入：** **課 題** を用いた話し合いの特徴の分析

　まず，みなさんがこれまでに経験してきた話し合いを共有しましょう。**ワークシート**📝**1-2-1** に記入した内容を相手に紹介してください。その際に，些細なことでもよいので，相手の話にきちんと反応をしてみましょう。たとえば「なかなか発言できなかった」といった内容であれば「そうだよね！　緊張するよね」だったり，「発言した」といった内容であれば「勇気あるよね！　えらいね！」といった些細なことでかまいません。黙ってしまうことだけは避けるように少し頑張ってみてください。

　次に，グループで共有した結果を確認してみましょう。おそらく，「先生」や「委員長」「キャプテン」などの司会者や代表者がいる話し合いが多かったのではないでしょうか。話し合いにおいて，その場をリードする司会者や代表者の存在は重要です。メンバーの発言を促したり，メンバーの発言を整理したりすることで，話し合いは円滑に進みます。このような，司会者や代表者の役割を務める人をファシリテータと呼びます。

　ファシリテータの存在は重要である一方で，大学や社会に出てからは必ずしもファシリテータが存在する話し合いばかりではありません。たとえば，今行った「話し合いの経験を共有する活動」を思い出してください。この本のテーマでもある「ピア活動」ですが，このような活動にはファシリテータはいません。すなわち，何かしらの反応をしなければ，相手が一方的に話しただけになってしまいます。これでは「話し合い」とはいえませんね。

一方で，今回のワークでは些細なことでもよいので反応をしてみましょう，といいました。相手に伝えたときに反応があったはずです。そのとき，どのようなことを感じましたか。もちろん反応の内容にもよりますが「聞いてくれていて嬉しい」と思ったり「しっかり反応されると次の言葉が出てきやすい」など，基本的にはポジティブな感想をもったのでないでしょうか。

このように，ピア活動はもちろん，大学の授業における多くのグループワークなどの話し合いでは，何かしらの反応をすることが非常に重要です。それは，ファシリテータがいないために，発言が止まってしまったり，うまく話が広がらなかったりしてしまうのを防ぐためです。つまり，話し合いにはメンバー全員がしっかり参加するのはもちろん，話が止まってしまわないように「何か」を話すことが求められます。

### (2) 話し合いを進めるうえで重要なこと

話し合いを円滑に進めるうえで重要な心構えや態度として次の2点を取り上げ，それぞれ活動を通して学んでいきます。

　①いきなり「お題」通りの話をしないこと
　②話し合いに責任をもって参加すること

#### ① いきなり「お題」通りの話をしないこと

まず「①いきなり『お題』通りの話をしないこと」について説明します。ここでは活動から取り組んでみましょう。 活動 ❶は「選挙において若者の投票率を上げるためにはどうすればよいか？」について話し合います。ピアで次の活動に取り組んでみましょう。

活動 ❶：選挙において若者の投票率を上げるにはどうすればよいか？

この「お題」について，2つの方法で話し合いをします。それぞれのルールに沿って話し合いを行ってください。 活動 ❶-1と❶-2の共通ルールは次の通りです。

共通ルール　時　間： 活動 ❶-1は1分間， 活動 ❶-2は2分間です。途中で止
　　　　　　　　　　まることなく話し続けましょう。

終了後：それぞれの方法で感じたことをワークシートに記入しましょう。

> 活動 ❶-1　ルール：左側に座っている人から，投票率を上げるためのア
> イデアを話してください。それを受けて，右側の人はコメントをしながら
> 自身の考えるアイデアを伝えてください。左側の人は，それに対してコメ
> ントを返しながら，アイデアを発展させ1分間話し続けてください。

　ここまで終わったら，ワークシート🗒 1-2-2 に話し合いを通して感じたこ
とを書いてください。投票率を上げる具体的な方法を書く必要はありません。
話し合いは，スムーズに行えたか，どのような点がよかったか（よくなかったか）
といった話し合いそのものに着目し，感じたことを書いてください。

　多くのみなさんは，最初のアイデアを出すのが難しかったり，コメントを返
すのが難しかったりしたのではないかと思います。では，それを踏まえて次の
方法で取り組んでみましょう。基本的には同じ話なので，相手は別の学生にす
るとよいでしょう。

> 活動 ❶-2　ルール：以下の (1)〜(4) の話をした後に (5)「若者の投票率を上
> げるアイデア」について話してみましょう。
>
> (1) 自己紹介：名前と所属程度でかまいません。前の授業で話した，同じ学科
> 　だなどでよく知っている間柄の場合は省略してかまいません。
>
> (2) 誰でも答えられる雑談：「政治」や「投票率」と無関係なことでかまいません。
> 　お昼ごはんの内容，昨日見たドラマの感想など身近な雑談をしてみてくだ
> 　さい。
>
> (3)「考え」に関すること：ここから徐々に「政治」や「投票率」に関連する内
> 　容に移ります。「ニュース見ていますか？」「総理大臣かわりましたよね」
> 　など，知っていることを雑談の延長として相手に投げかけてみてください。
>
> (4)「行動」に関すること：「政治」や「投票率」に関連する実際の行動や活動
> 　について話を振ってみましょう。たとえば，「実際，投票に行きました？」
> 　「大学の投票所を使いました？」などです。
>
> (5)「お題」に関すること：ここまで話すと「政治」や「投票率」に関連する
> 　話題に移っているはずです。その流れを活かして「若者の投票率を上げる
> 　アイデア」を話してください。活動 ❶-1 同様に時間いっぱい話すように
> 　しましょう。

終わったら 活動 ❶-1と同様に，ワークシート📝1-2-2に話し合いを通して感じたことを書いてください。

活動 ❶-2は，大きくデザインが変わりましたが，これらの活動のポイントは，「いきなり『お題』通りの話をしないこと」，言い換えると「雑談や前提知識を活かしながら話し合いに入る」の重要性を体験してもらうことでした。改めて整理すると，以下の流れでした。

(1) 自己紹介
(2) 誰でも答えられる雑談
(3)「考え」に関すること
(4)「行動」に関すること
(5)「お題」に関すること

　いきなり「お題」通りに「若者の投票率を上げるアイデア」を話そうとすると「このアイデアでよいのだろうか？」「こんなこと言ったら笑われるかも……」「そもそもなかなか思い浮かばない……」といったことが思い浮かんだのではないでしょうか。

　一方で，上記の流れで話をすると，相手のことを知れた安心感が生まれたり，前提となる内容を確認しながら徐々に「政治」や「投票率」の話にシフトしたりするのでスムーズに入れたペアが多かったと思います。たとえば，

Ａ：前回の選挙は行きました？
Ｂ：もちろん！　高3の授業で選挙のことを扱ってちゃんと行かなきゃなって思って……。
Ａ：そうか！　やっぱり教育って重要ですよね。
Ｂ：そうそう。あれがなかったら自分も……。

　といったように「前回の選挙は行きました？」といった話から「教育」に着目するような話の流れになったりします。このように徐々に「お題」にシフトするように話し合いを進めることがポイントです。

また，(3)→(4)の流れも重要です。たとえば，いきなり「選挙は行きました？」と聞かれた場合，行っていない人は少し答えにくいかもしれません。しかし，「政治」や「投票率」に関して知っていることや，感じていることを話しておくと，たとえ行っていないとしても「実は行ってないんですけど……それはさっき話した政治の○○が理由で……」といったように，前提が共有されているため理由を話しやすくなります。

　ここまで「いきなり『お題』通りの話をしないこと」について解説をしました。たとえば5分ぐらいの話し合いであれば，最初の1分から1分30秒ぐらいは(1)～(4)に使ってもかまいません。しかし明確に時間を区切る必要はありません。(1)～(4)の流れそのものによって徐々に「お題」にシフトするのでいつの間にか「お題」に関する話になっているものです。

### ②　話し合いに責任をもって参加すること

　次に「話し合いに責任をもって参加すること」について説明します。話し合いにおける問題として「フリーライダー」の発生が挙げられます。フリーライダーとは，グループの話し合いに参加せずに，他のメンバーに任せっきりになってしまった人のことを指します。フリーライダーには，以下のような問題があります。

---

1. 他のメンバーの負荷が増える
   話し合いに参加しないことで，参加しないメンバーの役割や作業を他のメンバーがカバーすることになり負荷が増えます。
2. 自身の成長につながらない
   話し合いに積極的に参加することで，問題発見・解決能力などのさまざまなスキルを成長させることができます。フリーライダーのままではいつまでも成長することができません。

---

　話し合いに慣れていないうちは，緊張や，とまどい，恥ずかしさなどがあるかもしれません。しかし， 活動 ❶ を経験したみなさんは，メンバーの発言を肯定的に受け入れるという心構えになっているはずです。少しずつ発言を増やしていきながら徐々に慣れていきましょう。

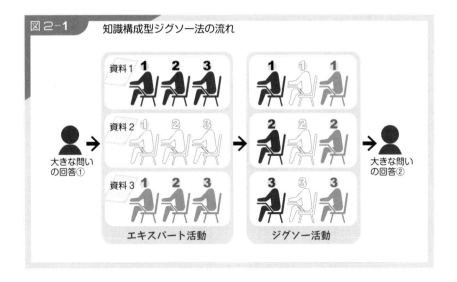

図２-１　知識構成型ジグソー法の流れ

資料1

資料2

資料3

大きな問い
の回答①

エキスパート活動　　　　　ジグソー活動

大きな問い
の回答②

活動 ❷：知識構成型ジグソー法の課題

　それでは，話し合いに責任をもって参加することに関連した活動に取り組ん
でみましょう。ここでは知識構成型ジグソー法という手法を用います。

　知識構成型ジグソー法とは「1 人で充分な答えが出せない課題に対して，仲
間と教材の力を借りながら，答えを自ら作り上げていく授業形態」（飯窪ほか
2017）のことを指します。具体的には図２-１のステップを踏みます。

　知識構成型ジグソー法は，最初に「大きな問い」に回答します。この時点で
は，正解を書くことはまったく重要視されておらず，現時点でもっている知識
を活用し，回答を考えることが求められます。

　その後，大きな問いの回答に必要ないくつかの資料を用いて，数人のグルー
プでエキスパート活動を行います（図２-１では３つの資料をもとに活動していま
す）。エキスパート活動では，各資料をしっかりと読み込み，メンバーと内容
の確認を行い各資料の専門家（エキスパート）になることが求められます。

　次にジグソー活動が行われます。それぞれの資料を担当したメンバーが 1
人ずつ集まって新しいグループを作成します。各自の読んだ資料の内容を共
有します。そのうえで，「大きな問い」の回答をメンバー全員で話し合います。
また，話し合った結果をクラス内で発表します。

最後に，個人ワークとして「大きな問い」の回答を記入します。ここでは，これまでの活動で身につけた知識を使って「大きな問い」の正解を考えます。

では実際に，知識構成型ジグソー法の課題に取り組んでみましょう。「大きな問い」や，それぞれが担当する資料は，ワークシート📝1-2-3に記載されています。以下のステップで活動に取り組んでみましょう。

---

ステップ1（大きな問いの回答①）：
　配布されたワークシート📝1-2-3に大きな問いが記載されています。その問いに対する現時点での回答を記入しましょう。

ステップ2（エキスパート活動）：
　担当の資料を読み，資料に指示された課題に取り組みましょう。
　同じ資料を読んだグループメンバーで内容の確認をしましょう。

ステップ3（ジグソー活動）：
　異なる資料を読んだメンバーが集まり，大きな問いの回答を話し合いましょう。

ステップ4（大きな問いの回答②）：
　再度，大きな問いの回答をワークシートに記入しましょう。

---

知識構成型ジグソー法の活動に取り組んでもらいましたが，グループで協力して正解にたどりつくことができたでしょうか。正解にたどりつくためには，エキスパート活動で読んだ資料の内容を，ジグソー活動でしっかりと共有することが重要でした。ジグソー活動でグループに提供する情報が不十分な場合は，正解にたどりつくことができません。これは，各メンバーがグループでの話し合いの成果に大きな責任を負っているということを示しています。

通常の話し合いでは，知識構成型ジグソー法のようにメンバーの責任が明確に見えるわけではありません。しかし，グループでの話し合いに責任をもって取り組むことはとても重要です。グループのメンバーとして，自分の経験や知識をもとに，積極的に発言をすることが求められます。

また，正解にたどりついたときに達成感を感じることができたと思います。一生懸命取り組むことで，達成感を得るだけでなく，問題発見・解決能力などのスキルを成長させることができます。責任をもって話し合いに参加し，フ

リーライダーにならないようにしっかりと取り組んでいきましょう。

# 3
## 本章のまとめ

　この章では，話し合いを行うための心構えや態度として，「①いきなり『お題』通りの話をしないこと」，「②話し合いに責任をもって参加すること」の2点を取り上げました。

　活動 ❶で経験したように，いきなり「お題」の話をしてしまうと，スムーズな話し合いにはならないことが多いものです。しっかりと話しやすい環境・場をみなさん自身で作っていきましょう。

　活動 ❷で行った知識構成型ジグソー法の課題では，責任をもって話し合いに取り組む必要性について学習しました。メンバーの成果に便乗するフリーライダーは，他のメンバーに迷惑をかけるだけでなく，自身も成長することはできません。

　これらの点を心がけながら，話し合いに参加し，グループの中で効果的な話し合いができるように取り組んでいきましょう。

# 4
## 事 後 学 習

　所属しているサークル，アルバイト先，友人や家族との話し合いで，本章で

学んだことを実践してみましょう。その際に，話し合いがどのように進んだのか，どのような結果になったのかなどについて，**ワークシート**📝 1-2-4 にメモをとりましょう。

# 5
## 発展的学習

　本章で扱った話し合いはすべて「問い」が含まれていました。このように「問い」は話し合いを活性化させたり，人の想像力・発想力を高めたりします。これからは話し合いにおいて，どのような「問い」なのかを意識したり，どのような「問い」が話し合いを活性化させたのかを考えたりしながら参加してみましょう。そして，よりよい話し合いができるようにするための「問い」を自分で出せるように，長いスパンで考えてみましょう。関連する書籍を紹介しますので，関心のある方はぜひ読んでみてください。

📖 さらに学びたい人への文献案内

**安斎勇樹・塩瀬隆之**（2020）『問いのデザイン――創造的対話のファシリテーション』学芸出版社.

**石井力重**（2009）『アイデア・スイッチ――次々と発想を生み出す装置』日本実業出版社.

 **本章の参考文献**

**飯窪真也・齊藤萌木・白水始**（2017）『「主体的・対話的で深い学び」を実現する知識構成型ジグソー法による数学授業』明治図書出版.

第 **3** 章

# 資料の探し方を知る

## テーマの概要

　本章では，資料の探し方の基本について学びます。ここでいう資料とは，みなさんが受講している科目をよりよく理解したり，あるいは，学術的な研究（授業で課せられたレポートの執筆やプレゼンテーションの作成・実施なども含みます）を行ったりする際に使う情報を指します。それらの中には，書籍に書かれている文章やインターネット上で公開されている統計データなど，さまざまな種類・形態のものがあります。これらを適切に探し出し活用することは，大学での学習の質を高め，よりよい研究活動を進めるのに必須のスキルです。

　現代は「情報爆発の時代」といわれます。私たちの周りでは日々，大量の情報が生み出され，ともすれば情報の波に押し流されるような状況も生まれています。誤った情報もたくさん存在します。そのような中で，信頼できる資料を見極め，それをもとに学習や研究を進めるスキルを身につけることは，ますます重要になっています。

　なお本章では，書籍や論文といった文献や統計データの探し方を中心とし，社会調査（社会的な事柄について人々の意識や実態を探るためにアンケートをとったりインタビューをしたりすることなど）や実験・観察によって情報を収集する方法については扱いません。それらの方法は，専門分野によっても異なることが多く，それぞ

れの分野で体系的に学ぶ必要があるからです（Column ❶も参照）。

---

### 本章の達成目標

☐ 学習や研究の目的に沿った資料を探し出し，入手することができる。

☐ 資料の信頼性について判断するための基礎的な技能を活用し，学習・
研究に用いてはならない資料はどのようなものか，判断することがで
きる。

☐ 収集した資料の活用のあり方について，他者に説明することができる。


# 1
## 事 前 学 習

### (1) 「ググって終わり」から脱却しよう

　みなさんに「〇〇について調べなさい」という課題を出すと，グーグルなど
の検索エンジンで「〇〇」を検索語として検索し，検索結果として示された
ウェブサイトの中から上位3つぐらいまでを見て，説明らしきものをコピー＆
ペースト（コピペ）して提出する，という人がいます。大学では学問を学んで
いるのですから，このようなやり方からは早々に脱却したいものです。

　それにはいくつかの理由があります。第1に，人類の知的遺産のかなりの部
分はデジタル化されていません。依然として，紙（場合によっては木簡・竹簡や
石板など）で存在している資料が大量にあるのです。コンピュータの専門家で
はない人がごく簡単にインターネットを利用できるようになってから，せいぜ
い30年程度です。人類の知的探究の歴史全体と比較すれば，一瞬といっても
いいぐらいの短い期間です。

　第2に，グーグルなどの一般的な検索エンジンでヒットするウェブサイトの

信頼性の問題です。少なくともこの本が出版された時点では，検索結果の内容には，信頼性の高いものから低いものまで，さまざまなものが含まれています。デジタル技術の発展の速度は驚くべきものがありますから，近い将来には信頼性の低いウェブサイトを排除するところまで検索エンジンが行う時代も来るかもしれませんが，残念ながら現時点ではその段階に到達していません。

　第3に，インターネット上にある情報についても，一般的な検索エンジンを利用するだけではなかなか見つけることができないものがあります。研究者や専門職などが利用するデータベースなどは，そもそもそういうものがあるということを知らなければ活用できませんし，また，利用するのにお金がかかる場合もあります。

　もちろん，グーグルなどの検索エンジンが役に立つ場合も多くあります。したがって，検索エンジンを使うこと自体を避ける必要はありません。重要なことは道具の使い方です。学習や研究に活用できる適切な資料を発見できる技能を身につけることが，みなさんに課せられた課題なのです。

(2)　**まず探したい資料**：書籍，学術論文，新聞記事，ウェブサイト

①　**書　　籍**

　初めて取り組む分野についての全体像を知りたい場合には，その分野に関する入門書や新書を読むことで大きな手がかりが得られます。また，勉強や情報収集がある程度進んだ段階で，まとまった研究成果をきちんと把握するためにも，専門的な学術書を読むことは必須です。その分野を学ぶうえで必ず押さえておかなければならない知識や研究手法，関連するさまざまな情報も，学術書であればまとまって得ることができます。

② 　**学術論文**

　「巨人の肩の上に立つ[1]」という言葉があります。「巨人」，すなわち，これまで人類が行ってきた知的探究の成果をきちんと踏まえることが大学では求めら

---

1　初めて聞いたという人は，まずこの言葉について調べてみてください。誰が，いつ，どんな場面で使った言葉なのか，本章の方法で調べてみましょう。

れます。その成果のうえに立って学習・研究を行うためには，学術論文をきちんと読み解くことが必要です。また，ある事柄の研究成果が書籍になるまでには一定の時間がかかります。最新の研究成果についても，学術論文を探したほうが収集しやすいでしょう。

### ③ 新聞記事

新聞記事は，あるテーマについての社会的な意味や意義を知るうえで非常に参考になります。新聞記事を読めば，検索エンジンやデータベースなどを使って資料を検索する際の検索語の候補をたくさん得ることもでき，資料検索の幅も広がります。

### ④ ウェブサイト

自分が研究しようと考えているテーマに関する最新の統計や，国・地方公共団体などがそれについて現在実施している政策などを知るためには，速報性に優れたウェブサイトが有効です。また，大学などの研究機関や学会・研究会などが，学術論文にまとめられる前の研究情報をウェブサイト上で発信している場合もあります。加えて，あまり知られていない法令やデータのように一般的な書籍などでは得ることが難しい情報についても，ウェブサイト上の専門的なデータベースなどが役に立つでしょう。

### (3) 書誌情報を記録する

探した資料の中には，使えるものもあれば，今回は直接関係がなさそうなものもあるでしょう。使えるものは当然ですが，使えそうにないものも，もしかすると今後何かの役に立つかもしれません。そのためにも書誌情報を残しておくことが必要です。

書誌情報とは，その資料を特定するための情報のことです。書籍であれば書名や著者名，出版社名，ページ数，ISBN（International Standard Book Number）などが該当します。たとえば，同じ題名の文献がある場合でも，書誌情報によって識別できます。そして，書誌情報がとくに重要となるのは，レポートやプレゼンテーションで引用する際に，出典を示すときです（第8章を参照）。

インターネット上の資料にも書誌情報はあります。その資料の題目や著者名（組織名），アドレス（URL）や発表年などを残しておくと，引用した際に迷うことがなくなります。

(4) 　課題　① ：データベースを使って資料を探してみよう

　自分が研究しようと考えている，または興味をもっているテーマに関して，(2)で取り上げた4種類の資料を実際に探し，その書誌情報を **ワークシート** 📝 1-3-1 に記録してみましょう。

### ①　書　　籍

　大学附属図書館のウェブサイトから，蔵書検索システムで自分の研究テーマや興味のあるテーマに関する書籍を検索します。蔵書検索の方法については，図書館のウェブサイトやパンフレットにある解説を参考にしましょう。検索した結果の中から3冊選んで，その書誌情報を記録しましょう。

### ②　学術論文

　学術論文に関する情報を提供するデータベースにはさまざまなものがあります（表3-1）。ここでは国立情報学研究所が提供する CiNii Research（https://cir.nii.ac.jp/）を使ってみましょう。トップページを開き，検索窓の下にある「論文」タブをクリックしたうえで，検索窓に検索語を入れて検索します。検索結果の中から3つ論文を選んで，その書誌情報を記録しましょう。

### ③　新聞記事

　多くの大学やその附属図書館では，新聞記事のデータベースサービスを学生に提供しています（公共の図書館でも同様のものを提供しているところもあります）。そのサービスを開き，データベースの使用方法に関する解説を十分に読んだうえで，自分の研究テーマや興味のあるテーマに関する検索語を用いて新聞記事を検索します。検索結果の中から，そのテーマを深めるために役立つと思われる記事を3つ選んで，その書誌情報を記録しましょう。

| 表3-1 | 代表的な学術文献データベース |
|---|---|
| **データベース名** | **URL や特徴** |
| CiNii Research | https://cir.nii.ac.jp<br>日本語の全分野の学術論文・紀要・博士論文を探すことができる |
| J-STAGE | https://www.jstage.jst.go.jp/browse/-char/ja<br>国内で発行されている学会誌が収録されている |
| PubMed | https://pubmed.ncbi.nlm.nih.gov<br>80 か国で出版されている生命科学の文献情報 |
| 国立国会図書館<br>オンライン | https://ndlonline.ndl.go.jp/#!/<br>国立国会図書館の蔵書と，同館で利用可能なデジタルコンテンツをあわせて検索することができる |
| Google Scholar | https://scholar.google.co.jp<br>分野や出版社を問わず，世界中の学術雑誌，論文，書籍，要約，記事などの学術研究資料を検索できる |

④　ウェブサイト

　グーグルなどの検索エンジンを用いて，自分の研究テーマや興味のあるテーマについて検索してみましょう。検索結果のうち，活用できると思われるウェブサイトの書誌情報を3つ，記録しましょう。

---

2　大学や図書館が提供する新聞記事データベースは，利用できるアカウントの数が限られています。誰かが使っている新聞記事データベースは，その間，他の人が使えないことになります。利用し終わったら速やかにログアウトするようにしてください。

(5) 　課題 　②：資料の実物を見てみよう

　今度は，それぞれの資料の実物を見てみましょう。それぞれ３点ずつ入手し
てみてください。同じ観点で探した資料が複数あると，それぞれの資料の妥当
性がよくわかるようになります。そして，気づいたことを**ワークシート**🖹I-
**３-２**に記入しましょう。

### ①　書　　籍

　大学附属図書館の蔵書検索システムでヒットした書籍であれば，貸し出し中
（利用中）でない限り，その図書館で見つかるはずです。書誌情報を記録した
**ワークシート**🖹I-**３-１**を持って図書館に行き，実際にその書籍を探して借り
てみましょう。

### ②　学術論文

　CiNii Researchでヒットした学術論文の中には，論文自体がPDF形式でダ
ウンロードできるものがあります。一方で，その論文が電子ファイル化されて
おらず，図書館などで紙の媒体を探さなければならないものもあります。みな
さんが選んだ３つの学術論文のうち，前者についてはそのままダウンロードし，
印刷してください。後者については，実際に図書館に行ってその論文が掲載さ
れている雑誌を見つけ，コピーを取りましょう。

### ③　新聞記事

　新聞記事データベースでは通常，検索にヒットした記事そのものを読むこと
ができます。自分が選んだ記事３つを印刷しましょう。

### ④　ウェブサイト

　検索エンジンを用いて検索し，選んだウェブサイトのうち，自分の研究や興
味のあるテーマを深めるために活用できると思われる部分を印刷しましょう。
ただし，ウェブサイトによっては膨大な量になる場合があるので，注意してく
ださい。

# 2
## 授　業

### (1)　資料の信頼性

　学習・研究を進めるうえで，自分が収集した資料が学問的に正しいものであるかどうかを見きわめることはきわめて重要です。ところが，資料の信頼性を確かめるのは非常に難しく，専門の研究者でも判断に迷うことがあります。

　ここでは，最低限確認しておくべきポイントに絞ってみていきましょう。

### ①　その資料の著者・作成者・発信者・発行者が明確か

　資料の著者・作成者・発信者・発行者（いずれも個人でなく組織の場合もあります）が実名で記されているかどうかは，信頼性を判断するうえで真っ先に確認すべきポイントです。匿名の資料は引用できず，学習・研究には使えません。この点で，インターネットから得た情報はとくに要注意です。

### ②　その資料を掲載している媒体や出版社が学術的に信頼に値するか

　収集した資料が学術的に信頼しうるものであるかどうかは，そのつど自分で判断しなくてはなりません。たとえばCiNii Researchで見つかる資料の中には，学術的に信頼できないものもあります。それは，CiNii Researchが学術雑誌以外のものも収録範囲としているからです（たとえば，一般の週刊誌など）。日本で出版されている学術雑誌については，学術研究団体[3]（いわゆる「学会」）が発行している雑誌（学会誌）であれば，信頼性が高いと判断してよいでしょう。さらに，学問分野によっては一般の出版社が発行している雑誌であっても，学術的と考えられているものも多くあります。自身の専門分野に関する雑誌がないか，大学の図書館などで探してみてください。

---

3　日本学術会議は「日本学術会議協力学術研究団体」として，信頼できる学会のリストを公開しています（https://www.scj.go.jp/ja/group/dantai/index.html）。

書籍についての信頼性を判断する際に参考になるのも，それを発行している出版社です。これまでに学術書籍を発行した実績が多くある出版社の書籍であれば，さしあたり信頼性が高いと判断してよいでしょう。

　学術論文の信頼性を測るもう1つの手段として，その論文が「査読」を経たものか，というポイントがあります。査読とは，研究者が執筆した論文を雑誌に投稿すると，編集部（編集委員会）が他の複数の研究者に内容の精査を依頼し（依頼された研究者を「査読者」と呼びます），査読者が認めた論文だけを雑誌に掲載するというしくみです。ただし，法学など学問分野によっては査読というシステムが一般的ではない分野もあります。

### ③　他の資料と比べて検証する

　上記①②を確認しても，信頼性があると確信できない場合も多くあります。その場合には，同じ事柄について書かれている別の資料を探し，それと照らし合わせながら資料の信頼性を判断します。たとえば，収集した資料で統計資料が使われている場合，その統計資料の大本を探して確認します。

　また，自分が最初に収集した資料と異なることが書かれている資料が別に存在する場合には，どちらが正しいのかを判断することが必要になります。

　このように考えると，きちんとした学習・研究を行うためには，資料収集の範囲をある程度広げることが必要であるということがわかるでしょう。[4]

### ④　教員に尋ねる

　収集した資料の信頼性について自分で判断できない場合には，最終的にはそれぞれの科目の教員に質問してください。質問する場合には，①資料の現物を持参したうえで，②自分がどのような研究をしようとしているのか（どのようなテーマに興味をもっているのか），③どのような資料をこれまでに集めたのか，④なぜその資料の信頼性が疑わしいと考えているのか，といったことを説明す

---

[4]　広く信頼されている学術雑誌に掲載された論文であっても，後に研究上の不正や誤りが発見され，削除されたり掲載が取り下げられる場合があります。このような研究倫理などに関する問題については，第7章も参照してください。

ることが必要です。

(2)　活動：集めた資料をピアと共有

課題 で集めた資料をもとに話し合いましょう。

　まず、①自分が研究しようと考えていたり、興味をもったりしているテーマ、②収集した資料の概要とともに、それを収集した方法について **ワークシート**📝 1-3-3 にまとめ、グループ（あるいはペア）の学生に説明してみましょう。資料を探したときに、どのような工夫をしたのか、どんなところが大変だったのかについても、話し合いましょう。

　そのうえで、③お互いが持ち寄った資料の信頼性や活用の可能性について話し合い、**ワークシート**📝 1-3-4 に記入しましょう。なかなか思ったような資料が見つからなかったという人は、ペアの相手やグループの他の人からアイデアを出してもらってください。

# 3
## 本章のまとめ

　資料の収集と活用は、学習・研究を行ううえでの基盤です。信頼できる適切な資料を探し、それを的確に読み取ったうえで自分の学習・研究にきちんと位置づけるためには、本章で学んだことをベースにしながら、資料収集・活用を何度も積み重ねる必要があります。その意味で資料の収集と活用は、学生生活の期間全体を通してスキルアップを目指す、息の長い取り組みといえます。

　本章では、集めた資料をグループ（あるいはペア）の学生とともに検討する

という作業を行いました。学習・研究にあたっては自分の主体性がもちろん重要ですが、一方で、友人と議論したり教員に質問したりしながらその技能を高めるということも求められます。資料の収集・検討についてはとくにそのことがあてはまるといえましょう。

# 4
## 事 後 学 習

この授業で作成するレポートやプレゼンテーションのテーマについて、本章で学んだ方法を活用しながら、引き続き資料を収集し、ペアの学生とともにその検討を行いましょう。

# 5
## 発展的学習

本章では、①書籍、②学術論文、③新聞記事、④ウェブサイトについて検索と収集を行いました。担当の教員や、図書館の司書に相談して、これらとは性質の異なるタイプの資料についても収集してみてください。

---

さらに学びたい人への文献案内

入矢玲子（2020）『プロ司書の検索術――「本当に欲しかった情報」の見つけ方』日外アソシエーツ（図書館サポートフォーラムシリーズ）.

宮本常一・安渓遊地（2008）『調査されるという迷惑――フィールドに出る前に読んでおく本』みずのわ出版.

中島玲子・安形輝・宮田洋輔（2021）『スキルアップ！情報検索――基本と実践〔新訂第 2 版〕』日外アソシエーツ.

## 社会調査や実験・観察の難しさ

　学生のみなさんにレポートやプレゼンテーションなどの課題を課すと，かなり多くの人がアンケートやインタビューなどの社会調査を行おうとします。また，自然科学分野の科目では実験・観察などが必要になる場合があります。しかし本書では，社会調査や実験・観察の方法については解説していません。それは次の４つの理由からです。

　第１に，社会調査や実験・観察については，その実施方法について詳細に学んだうえで十分な知識と技能を身につける必要があります。それらについては別にきちんと解説されている書籍がありますし，また，大学ではそのための科目が開設されている場合もあります。社会調査や実験・観察については，それらの書籍や科目で学んでください。このような学習をせずに行われる社会調査や実験・観察は，せっかく行っても，学問的な価値がまったくないものになります。

　第２に，適切な知識や技能がないままで行われる社会調査や実験・観察は，調査・実験・観察を行う人やその対象となった人の生命・心身に危険を及ぼす可能性があります。このことは，薬品を用いる実験などのことを想像すれば容易に理解できるでしょう。

　第３に，安易な調査や実験・観察は，調査対象者の基本的人権を侵害したり，迷惑をかけたりすることになります。調査者であるみなさんは勉強するために調査をしたいのでしょうが，調査される側は調査されたいわけではありませんし，調査に応じる義務もありません。

　第４に，調査や実験・観察を行うこと自体が，その対象の状況に人為的な変化をもたらす場合があります。たとえば，新薬の開発においては最終的にヒトを対象とした「治験」が行われますが，この際に「新しく開発が進んでいる薬の効き目を確かめるためにあなたにその薬を使います」と安易に告げてしまうと，その効果への期待などの変化が生じ，実際の効果や副作用とは異なる結果が出てしまう場合があります 。

　安直な社会調査や実験・観察は学問とは無縁のものであるということをきちんと自覚し，研究を行っていきましょう。

第 **4** 章

# 論証とは何かを理解し，
# 批判の基本を知る

:::: テーマの概要

　論証とは，根拠を示して主張を述べることです。なぜ主張の根拠を示す必要があるのでしょうか。たとえば，「都会の生活は不自由だ」と誰かが発言したとします。都会で生活したことのある人なら「確かにね」と，都会生活の不自由さを説明しなくても理解できるかもしれませんが，都会で生活したことのない人にとっては，「不自由」ということが何を意味するのか実感することができません。そこで，「どこに行くのも渋滞で，混雑していて，自由に動くことができないから」という根拠を示すと，都会で生活したことのない人も，「都会の不自由さ」という考え方を共有する余地が生まれます。

　また主張の根拠を示すことによって，他の人が主張の妥当性を検証することができます。他の人から批判を受けることによって，議論がより深まる可能性も生まれます。自分の主張の根拠を示し，他者の主張の根拠を理解することは，育った環境の異なる人，育った時代の異なる人，阿吽の呼吸で共感できない人など，さまざまな人と対話し，独りよがりの考え方に拘泥することなく，自分の世界を広げていくために必要です。

　学術文章の論証には，論理的な主張の展開，客観的に信頼のおける根拠，根拠と主張の妥当な結びつきが必要です。本章では，説得力のある主張を展開するために，

どのような点に注意しなければならないかを学習します。さらに，論証構造をとらえることが，他者の議論を批判するうえでも基本となることを学習します。

### 本章の達成目標

□ 論証とは何かを理解し，説明できる。

□ 有意義な批判をするために，論証構造を正確に読み取れるようになる。

# 1
## 事 前 学 習

### ⑴ 論証とは何か

　論証とは，ある根拠からある主張を導き出すことです。根拠を示すことで，意見や推測は説得力をもちます。たとえば，「不倫によって傷つく人がいる（根拠）。だから，不倫はよくない（意見）」，「にわか雨が降りそうだ（推測）。なぜなら入道雲が出ているから（根拠）」。これらの例も，根拠を示して意見や推測を述べているので論証です。論証というと難しく聞こえますが，私たちが日常会話においても行っていることです。

　論証は，単に事実を記述することではなく，意見や考えを述べることと関わっています。はっきりとした事実を述べるのに根拠を示す必要はありません。それに対し，推測は根拠がないと単なる憶測であり，意見は根拠がないと単なる独断です。レポートを書く際にも，事実を並べるだけ，あるいは，主張を述べるだけでは論証型レポートにはなりません。論証は，事実だけでも主張だけでも成り立たず，主張を根拠づけるという関係性によって成り立っています。

(2)　残念な論証

　私たちは日常生活において，次のような発言をすることがあります。「私た
ちの発表順は 7 番だから，私たちの発表はうまくいくよ」。ここで「私たちの
発表順は 7 番である」という根拠と，「私たちの発表はうまくいくよ」という
主張を結びつけているのが，「7 番はいい数字である」という信念であるとす
れば，この信念は，必ずしも他の人と共有できるものではありません。またこ
の根拠と主張の結びつけ方は，発表を成功に導く他の要素を無視しているとい
う点にも問題があります。このような根拠づけは，説得力をもちません。

　論証型レポートを作成する際は，論証の妥当性（残念な論証になっていないか
どうか）を検討する必要があります。論証の妥当性は①根拠の適切性と②導出
の適切性の両方を含みます。

①　根拠の適切性

　まず，根拠が間違っていないかということはしっかりと確認する必要があり
ます。ただし，根拠が事実であるかどうかを直接的に確認するのが困難な場合
もあります。少なくとも，根拠として挙げた内容は，どのような人がいつどこ
で述べている内容であり，それは複数の人によって客観的に信頼できる情報と
して認められているものかという点は十分にチェックしましょう。根拠の適切
性は第 3 章で学習した資料の探し方や，第 6 章で学習するデータの見方，第
8 章で学習する正しい引用方法と関わるので，各章を参考にしてください。

　また，論証には，根拠と主張の間に展開が必要です。主張と同じことを述べ
るだけでは，根拠として不適切です。トートロジー（同語反復）や，循環論法
（堂々巡り）にならないように気をつけましょう。

● トートロジー：「倍速で動画を見るのは，速く見ることができるからである。」
● 循環論法：「不倫はよくないよ。だって社会の風紀を乱すことになるから。」

　　　　　　　「なんで，不倫が社会の風紀を乱すの？」

　　　　　　　「それは，不倫が悪だから。」

② 導出の適切性

導出とは，根拠と主張を結びつける「だから／なぜなら」の過程です。導出の適切性は，前提となる根拠を正しいと認めたとき結論となる主張が妥当であるかを判断します。「だから／なぜなら」の過程をチェックする際は，とくに次の点に気をつけましょう。

🖊 根拠と主張の間に大きな飛躍はないか

例1 「児島さんはお金持ちである。だから，児島さんのいうことは信用できる。」

▶ 「お金持ちである」ことから「信用できる」は直接的に帰結しません。

🖊 少数の事例や偏った事例を一般化していないか

例2 「児島先生はお酒を飲めない。児島先生は大学の先生である。だから大学の先生はお酒を飲めない。」

▶ 大学の一教員である児島先生がお酒を飲めないからといって，大学の教員一般がお酒を飲めないことは帰結しません。

🖊 例外の可能性はないか

例3 ｛ふじ／むつ／つがる／ジョナゴールド｝は赤い→リンゴは赤い

▶ 王林もリンゴの一種だが青いです。

🖊 ある仮説から説明できることが，別の仮説からも説明できる可能性を無視していないか

例4 「雨なら試合は中止である。今日は雨ではないから試合は中止ではない」

▶ 雨以外にも試合が中止になる可能性はないでしょうか。たとえば感染症対策のために中止になることもあります。

また，「AはBである」＝「BはAである」ではないことに注意しましょう。

このことは簡単な具体例で考えると明らかです。「コウモリは哺乳類である」は正しくても，「哺乳類はコウモリである」とはいえません。しかしこのような論理を私たちは日常よく用いてしまいます。「ダイエットが成功すれば，痩せる。児島さんは痩せた。児島さんのダイエットは成功した」の表現を考えてみましょう。「児島さんが痩せた」のは必ずしも「ダイエットの成功」だけが原因とはいえません。病気で痩せた可能性もあります。

これを一般化した形で説明すると，「PならばQ」であり，「Qである」ことが認められても，「Pである」ことにはなりません。ある仮説から帰結すると考えられることが，事実として確認できたとしても，その事実は他の仮説からも帰結する可能性があります。同様に「PならばQ」であり，「Pでない」からといって「Qではない」ことにはなりません（ 例4 タイプの論証）。このような論理を使っている場合は，他の仮説の可能性も十分に考慮しましょう。

(3) 課題 ：論証の妥当性の検討

ワークシート📝1-4-1に取り組んでください。根拠と主張を見極め，どのような問題点があるか指摘しましょう。

<br>

# 2
## 授　業

(1) 活動 ❶： 課題 のチェック

ワークシート📝1-4-1をペアで交換し，チェックし合いましょう。違うところがあれば，意見を交換し議論しましょう。

(2) **批判する**

論証構造を読み取り，根拠と主張のつながりの整合性を確認することは，自身の主張に説得力を与えるためだけでなく，他者の主張を批判的に検討するためにも必要です。批判というと，ネガティブな印象をもつかもしれませんが，

実はそうではありません。批判とは、「単に反論するだけでなく、その論を再構築してより良い、より正しい方向へと再構築しなおすこと」（佐藤ほか 2020, p. 89）です。つまり批判は、間違いを正し、よりよい方向に前進するためのポジティブな活動であるといえます。

### (3) 隠れた前提（論拠）を探せ

批判する際は、論証構造（主張の根拠は何か）を正確に読み取ったうえで、根拠と主張を結びつける隠れた前提を検討することが重要となります。この隠れた前提を本書では論拠[1]と呼びます。

第1節(2)の残念な論証の例を用いて説明すると、「私たちの発表順は7番だから、私たちの発表はうまくいくよ」という発言において、主張は「私たちの発表はうまくいくよ」、根拠は「私たちの発表順は7番だ」であり、この根拠と主張を結びつけている論拠は「7番はいい数字だ」という信念です。

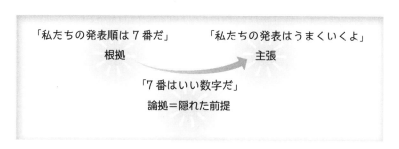

批判する際は、まず、根拠、主張、論拠という3要素を正確に読み取ります。そのうえで、「7番は必ずしも誰にとってもいい数字なわけではない」と指摘したり、「7番だから、他の発表をいくつも聞くことができるのは有利だね」と、言葉足らずの論証を補うフォローの言葉を入れたりすることが可能となります。

### (4) 活動 ❷：批判的読みの基礎練習

ワークシート📑1-4-2に取り組みましょう。論証構造を把握したうえで問

---

1　本書で紹介する論理構造は、トゥールミンの「論証モデル」をベースにしています。

いを立てる練習をします。終わったら，ペアで交換し，チェックし合いましょう。お互いの記述で気になるところは，意見を交換し議論しましょう。

(5) 活動 ❸：論証型の学術論文とは？

ワークシート📝1-4-3に取り組みましょう。学術文章としての論証（客観的根拠に基づいて主張を述べる）が成立しているものに〇，成立していないものに×をつけ，判断理由を記述しましょう。終わったらペアで交換し，チェックし合いましょう。違うところがあれば，意見を交換し議論しましょう。

# 3
## 本章のまとめ

　本章では説得力のある主張を展開するために気をつけるべき点を確認しました。論理的な文章を書くことは難しそうだと感じた人も多いと思います。しかし，書きはじめは導出の間違いや大きな飛躍があっても大丈夫です。穴だらけの論証でも，全体の論証構造を確認し，穴を埋める議論を補うことで，すなわち，他者の主張と同様に，自身の主張を批判的に検討し直すことで説得力をアップさせることができます。まずは自らの主張の根拠となりそうなものをどんどん挙げていきましょう。その後にとくに核となる議論の論証構造のチェックを怠らないことが大切です。論証の穴に気づくことが説得力のある主張をするための第一歩となります。

# 4
## 事 後 学 習

　興味のある論文を選び，(1)論文の最重要キーワード，(2)筆者の「主張」，(3)主張の「根拠」，(4)論証の根拠を整理しながら，論文を批判的に読んでみましょう。ワークシート📝1-4-4に取り組みましょう。

# 5
## 発展的学習

　ある程度書き進めたレポートやプレゼンがあれば，全体の論証構造を分析し，大きな飛躍がないか，また根拠として補うべき内容がないかチェックしましょう。

 さらに学びたい人への文献案内

福澤一吉（2017）『論理的思考最高の教科書——論証を知り，誤謬に敏感になるための練習』SB クリエイティブ（サイエンス・アイ新書）.

国立研究開発法人科学技術振興機構（2016）「クリティカル・シンキングで始める論文読解」https://hakase-compass.jst.go.jp/e-learning-contents/46-900/index.html ［2022 年 8 月 22 日閲覧］.

野矢茂樹（2006）『論理トレーニング〔新版〕』産業図書（哲学教科書シリーズ）.

野矢茂樹（2018）『大人のための国語ゼミ〔増補版〕』筑摩書房.

### 本章の参考文献

佐藤望・湯川武・横川千晶・近藤明彦（2020）『アカデミック・スキルズ——大学生のための知的技法入門〔第 3 版〕』慶應義塾大学出版会.

第 **5** 章

# プレゼンテーションやレポートの
# テーマを考える

## テーマの概要

　本章では，プレゼンテーション（以降，「プレゼン」とする）やレポートで扱うテーマの立て方を考えます。テーマを考えることは，プレゼンやレポートを作成する第一歩ともいえます。

　大学では，しばしば自由な題材でのプレゼンやレポートを課されます。そんなとき，一番苦労するのが，テーマの設定でしょう。もしかすると，苦労どころか何から手をつけたらよいのかとすら思うかもしれません。

　レポートやプレゼンでは，何か大まかな課題が与えられることがよくあります。早速，そこからテーマを設定しようとしても，いきなり浮かぶものではないですよね。普段からそのことについてよく考えているのであれば別ですが，そう簡単に自分が扱ってみたいテーマを具体的に見つけることはできないでしょう。与えられた課題に対し，単に基礎知識が少ないから浮かばないのであれば，関連した本を何冊か読むなどして情報を集めることから始めなくてはなりません。あるいは，知識はあるが，実際のところ，どんな切り口で表現したらよいのかがわからないのかもしれません。このような場合は，断片的な知識や情報を整理しながら，お互いにどう関連づけられるのかを整理する必要があります。

　テーマの設定には時間がかかります。そして，テーマとは考察しながら育ててい

くものです。決めたテーマがあっても，そのままでよいというものではなく，自分で集めたデータを分析しながら，常に見直していく必要があります。本章の内容を踏まえて，適切なテーマ設定の考え方を学びましょう。

## 本章の達成目標

- 与えられた課題を理解し，適切な問いを見出すことができる。
- 見出した問いを整理し，適切なテーマを設定することができる。
- 設定したテーマの妥当性や意義について説明することができる。

# 1
## 事 前 学 習

### (1) テーマを考える前に：課題の条件や内容を正確に理解する

　プレゼンでもレポートでも，作成するにあたって避けて通れないのがテーマの決定です。でも待ってください。テーマを決める前に，いくつか確認しておくことがあります。

　今回，どのような指示のもとにプレゼンやレポートを作成しようとしているのでしょうか。そこには，何らかの課題が与えられているはずです。まずは，課題の内容を正確に理解することから始めましょう。プレゼンの発表要項やレポートの執筆要項があれば，それらをしっかりと確認します。課題に含まれている用語について，具体的なイメージがわきますか？　もし，わからない言葉やイメージできない言葉があるのなら，テーマを考える前に，その定義や概要を，信頼性が高い情報（第3章を参照）に基づいて調べておきましょう。

　たとえば，「現代社会が抱える諸課題について，自分でテーマを設定し，プ

レゼンしなさい」といったものだったとします。「現代社会」とはいつからの社会を指すのでしょうか。現代であればどこの社会でもよいのでしょうか。自分が取り上げたい「社会」はどこの社会なのでしょうか。このように，できるだけ具体的に課題を理解し，自分なりに整理しておきましょう。

### (2) よいテーマの条件①：興味のある事柄

よいテーマには，いくつか必須の条件があります。最も重要な条件は，「自分自身が興味関心のある事柄を扱う」ことです。不思議だったり，おもしろいと感じたり，あるいはこれは問題だと思ったりすることであれば，なぜ不思議なのか，なぜおもしろいのか，なぜ問題なのか，自分の考えたことを表現すればよいのです。そのためにも，日頃のちょっとした疑問や心に引っかかったことを，そのままにしないで調べたり，その結果を誰かと話したりするなど，こんなたわいもないことこそが，実はテーマを考えるために重要です。

### (3) よいテーマの条件②：扱う対象が具体的で現実的

次に重要な条件は，「扱う対象が具体的で現実的である」ということです。プレゼンでもレポートでも，扱う対象の範囲が広すぎると，暗礁に乗りあげかねません。時間無制限のプレゼンや枚数制限なしのレポートであれば別ですが，通常はそんなことはありません。与えられた時間や字数でまとめあげることが求められる場合，自ずと扱える範囲は限られてきます。とかく，大学で出される課題は抽象的だったり，つかみどころのないものが多かったりします。たとえば，「生物の多様性について」というテーマ設定で，レポートを書き始めたとします。そうすると，その研究対象は，分類されているだけでも約175万を超える数の種になります。これを限られた時間で調査し，数千字程度のレポートに収めることは不可能です（もし収まったとすれば，その内容は非常に薄いものとなるでしょう）。

このような場合は，キーワードを追加しながら，扱う対象を狭めていきます。先ほどの例でも，たとえば「鹿児島県」や「危機」といったキーワードを加えて，「鹿児島県における生物多様性の危機と課題」のようにすると，扱う対象が狭まります。調査自体も現実的になり，先の例に比べて，より綿密な論証を展開

することが可能となります。扱う対象を絞り込みたい，そんなときは，出された課題から，思い浮かぶキーワードを整理しながら絞り込んでいくことです。ただし，キーワードの追加によっては，対象が狭まりすぎることがあり，結果的に書きにくくなることがあるため，注意が必要です。たとえば，先行研究がほとんどなかったり，参考資料が見つからなかったりという場合は，設定した対象が狭すぎる可能性があるため，見直す必要があるでしょう。同様に，今まさに始まったばかりの事柄など，新しすぎるものについても，先行研究や参考資料はないに等しいので，取り組む際には注意が必要です。

このように，研究対象の見きわめは，プレゼンやレポートの成功／失敗を大きく左右します。失敗しないための最低限のポイントは，自分が扱うことができる具体的かつ現実的な対象を選択することです。

(4)　**よいテーマの条件③：問いの形で示すことができる**

みなさんが大学で取り組むプレゼンやレポートは，探してきた文献や資料を自分なりに分析して根拠として，そこから矛盾なく結論に導くといった，論証の形で組み立てます（論証については第4章で学び，問いを立てる練習をしました）。レポートやプレゼンで何らかの論証を行うには，問いが必要であり，問いにはその答えが必要です。答えを導くには，「なぜなら」という根拠が必要になります。どんなに興味や関心がある事柄でも，それがどんなに具体的だとしても，問いがなければ論証は成立しません。単なる説明です。つまり，自分で立てた問題点を，問いの形式で示し，明確な答えとして提示できるかどうかが重要です。研究対象を考えるとき，その対象に関して疑問に思うことがあればリストアップしておくとよいでしょう。疑問が浮かばない場合は，5W1H&Which

図5-1    マンダラートの例

| 少子高齢化 | 地球温暖化 | エネルギー |
| 労働問題 | 現代社会が抱える諸課題 | 人種・差別 |
| 戦争・平和 | 消費者問題 | 過疎化 |

最初のシート

（When いつ／ Where どこで／ Who だれ／ What 何／ Why なぜ／ How どのように／ Which どちら）を整理するとよいでしょう。疑問点を整理しながら，それらをもとに扱う問いの候補を立てます。

(5)　課題 ①：課題の整理と確認

まず，プレゼンやレポートで出された課題を整理しておきましょう。**ワークシート 1-5-1** にまとめてみてください。テーマを設定する前に，イメージを膨らませてください。

(6)　課題 ②：キーワードの絞り込み

自分の考えを可視化するために，思考ツールと呼ばれるものを使うことがよくあります。今回は，今泉（1998）が発案したマンダラートという思考ツールを使います（**図5-1**）。

ここでは，「最初のシート」と「展開のためのシート」という２枚のシートを使います。はじめに，「最初のシート」です。中心のマスに出された課題を書きます。そのまわりの８マスを，思いついた言葉で埋めましょう。重要なポイントは，必ず８マス埋めなければいけないという点[1]。全部埋めたら，８つのマスでいちばん興味がある言葉に印をつけてください（赤い丸で囲むなど）。その言葉を「展開のためのシート」の中心に書き写します。そして，まわりの８マスを，思いついた言葉で埋めましょう。シートに書いた言葉の中で，最も

気になるものを，今後のキーワードとして書き抜きましょう。早速，ワークシート📝1-5-2に従って，試してみてください。

(7)　**課題** ③：問いを立てる

　今度は課題に沿った問いを立ててみましょう。ワークシート📝1-5-3に従って，マンダラートで書き抜いたキーワードをもとに問いをできるだけたくさん作ってみてください。

# 2
## 授　業

(1) 「問い」の妥当性

　事前学習で考えてきた問いを確認します。このときに重要なのは，答えを出すことができるか，つまり仮説が立てられるかどうかです。以下のような問いは論証に不向き，あるいは論証できない問いであるため，避ける必要があります。

---

> ✕　個人が自由に決めてよい事柄への問い（例：「国際結婚のほうがよいか」等）
>
> ✕　証明不可能な事柄への問い（例：「光源氏の血液型は何型か」等）
>
> ✕　あたりまえすぎる問い（例：「子どもは大切にすべきか」等）
>
> ✕　内容が曖昧，漠然な問い（例：「教育はどうすればよいか」等）
>
> ✕　調べたら終わる，論証の展開がない問い（例：「日本の人口は何人か」等）

---

1　マンダラート考案者の今泉によると，3つや4つあたりまではスムーズに連想できても，7つ8つと進めていくごとに徐々に苦しくなってきます。そのような苦しい状況からむりやりひねり出したアイデアに意外性のあるひらめきが生まれやすいとされています。

**表5-1**　　　「問い」の典型的な型

| 問いの型 | 疑問形の典型例 | 問いの例 |
|---|---|---|
| 二者択一型 | Aか（Bか）Aかどうか | 再生エネルギーは必要か？（不要か？）<br>再生エネルギーで有利なのは，太陽光と風力のどちらか？ |
| 原因（理由）追求型 | なぜか | なぜ地球は温暖化しているのか？ |
| 問題解決型・提案型 | どうすればよいか | これ以上地球を温暖化させないためにはどうすればよいか？ |
| 説 明 型 | 〜（と）は何か | 地球温暖化とは何か？ |

#### ⑵　問いをさらに絞り込む

　ふさわしくない問いを除外したら，今度は実際に論証するための問いを選びます。といっても，問いを1つに絞るという意味ではありません。第1節⑷では，さまざまな疑問詞を使って問いを立ててみました。ここで最も重要なのは，「Why なぜ」という問いです。「Why なぜ」は根拠を問うものであり，論証は根拠をもとに自分の主張を述べるものだからです。「Why なぜ」を中心としながら，それ以外の疑問詞を組み合わせて考えてみましょう。いろいろな角度から絞っていくうちに，論じる価値のある問いにたどりつけるはずです。

　また，問いは自由に立てることができますが，定型もあります。表5-1に当てはめて考えてみるのも1つです。

　ここで，絞り込むほどの数の問いが得られていないようであれば，まだ基本的な知識が不足しているということです。第1節⑹のマンダラートに戻って，もう一度キーワードを集め，問いを増やしましょう。

## (3) 仮説を設定する

　問いを絞り込んだら，今度は仮説，すなわち立てた問いの答えを設定します。仮説を設定する際には，複数の答えを検討しておくとよいでしょう。当然この段階の仮説は，未熟であっても，間違っていてもかまいません。なぜならある程度，論証の方針づけのために設定するものであって，調査や執筆の過程で変更（成長）するものですから。仮説を設定すれば，今後はその仮説を支える根拠が必要ですね。つまり，どんな情報がその答えを支える根拠になり得るのかが予想できるようになります。このように，仮説を立てることで，研究の道筋が見えてきます。また，考えた仮説からさらに新たな問いを作っておくと，文献検索の際に用いるキーワードが出しやすくなります。

## (4)　活動 ❶：課題 ③の共有

　課題 ③について，考えてきた問いを確認します。

　グループでプレゼンを行う場合であれば，まずは，グループのメンバーがどのような問いを考えてきたのかを共有しましょう。そして，全員が興味関心をもてる問いを話し合ってください。

　個人でレポートを作成するのであれば，ペアでお互いの問いを読んで，問いの妥当性に気をつけながら，気づいたことをコメントしてください。

## (5)　活動 ❷：問いを絞り込んで選択する

　考えた問いの中からいくつか選んで，実際に扱う問いに育てましょう。グループで扱うテーマを考えるのであれば，課題 ③で持ち寄った問いをさらに発展させてもよいでしょう。

## (6)　活動 ❸：仮説を立て，さらに問いを考える

　最後に仮説を立てます。選んだ問いに対する答えを予想しましょう。この時点では，さまざまな予想が出てきます。すべて書いておいてください。そして，予想した答えにたどりつくために，あらかじめ調べておかないといけない事柄を書き出しておきましょう。

そして，予想した答えから新たな問いを考えてみましょう。**ワークシート**📝
**1-5-4** に取り組みましょう。

# 3
## 本章のまとめ

　本章では，プレゼンやレポートで扱うテーマについて，ある程度大きなテーマが示され，その大きなテーマの中から自身で問いを見出し，テーマ化する形で考える手順を見てきました。

　もしかしたら，大きなテーマも提示されずまったく自由に考えてよい場合もあるかもしれません。何も提示されていないといっても，その科目の方向性など，外れてはいけない内容があるはずです。その範囲の中で自分が興味・関心をもてるものを探し，キーワードとして書き出すところから始めてみましょう。

　ここまでの作業を通じて実感していると思いますが，テーマを考えることは大変な作業です。しかし，大変な作業ではありますが，これが研究のファースト・ステップとなるのです。今回，みなさんは，独自の問いと仮説を立て，オリジナルな研究テーマにたどりつきました。ここから研究が始まります。この次は，自身が立てた仮説の妥当性を示してください。

# 4
## 事 後 学 習

　授業で絞り込んだ問いをもとに，プレゼン（レポート）の仮タイトルを決め，大まかな内容を考えてみましょう。

　授業で考えた仮説を導くための根拠について，文献を探してその情報を整理しておきましょう。

　それぞれについて，**ワークシート**📝**1-5-5** に記入しましょう。

# 5
## 発展的学習

　本章で紹介したマンダラート以外にも，テーマを考える際に有効な思考の表現法や発想法はたくさんあります。「KJ 法」「マインドマップ」「ブレインストーミング」とはどんな方法なのか，調べてみましょう。

　自分の専門分野の論文を読んで，その論文の問いを探してみましょう。通常は，序論（序言）もしくは緒論（緒言）という章に書かれています。

 さらに学びたい人への文献案内

　苅谷剛彦（2002）『知的複眼思考法——誰でも持っている創造力のスイッチ』講談社（講談社＋α文庫）.

### 本章の参考文献

今泉浩晃（1998）『マンダラ MEMO 学—— Mandal-Art 脳の OS を創る』オーエス出版.

第 **6** 章

## データの見方を知る

::::: テーマの概要

　本章では，データの見方とその活用・表現の方法について学びます。

　本章でいう「データ」とは，物事を推論・検証するための基礎となる事実，ある
いはその事実を反映した資料や情報のことを指すものとします。このようなデータ
の中には，数値だけではなく，たとえば動画や，その音声を文字に書き起こしたも
の，インタビューを行ったときの対話（言葉），アンケートにおいて文章で回答す
ることを求めた場合の文章なども含まれます。

　本章ではあらゆるデータについて学ぶことはできませんから，主として事実を数
値化したデータ（定量的なデータ）について学ぶこととします。

　あるテーマについて研究し，その成果をもとにレポートを執筆したりプレゼン
テーションを作成・実施したりする場合には，その研究の結論が説得力のあるもの
であることが求められます。その意味で，データを適切に活用することは，研究を
行う際に必須といえましょう。

　なお本書では，みなさんが自分で社会調査（社会的な事柄について人々の意識や実
態を探るためにアンケートをとったりインタビューをしたりすることなど）を行ったり，
実験・観察を実施したりしてデータを収集する方法については扱いません（理由は
**第3章 テーマの概要**や Column ❶を参照してください）。また，データの分析方法

53

の詳細やその理論，表計算ソフトや統計ソフトの使い方などについては，それらについて解説した別の書籍や，それらを扱う科目などで学ぶようにしてください。

## 本章の達成目標

- 収集したデータを適切に読み解くことができる。
- 既存のデータについて，その信憑性や適切性を判断し，また，研究における採否を決定することができる。
- データを適切に表現することができる。

# 1
# 事 前 学 習

### (1) 私たちが目にする事象やデータは適切か

2000 年前後にマスメディアでよくいわれた言葉に「キレる 17 歳」というものがありました。これは，2000 年前後に少年による衝撃的な犯罪がいくつか報じられ，その容疑者（法律上は「被疑者」と呼びます）がいずれも 17 歳前後であったことによります。当時のマスメディアの多くは「少年非行は増加している」と報じ，その原因をいろいろ推測しました。

しかし，第二次世界大戦後において少年（少年法という法律では「20 歳に満たない者」と定義されています）による刑法犯が最も多かったのは 1980 年代です。2000 年ごろにはその前に比べ若干増えていますが，1980 年代ほど多かったわけではありません。ちなみに少年による刑法犯の数は，その後も減少傾向にあります。

このようにいうとみなさんの中には，「それは少子化が進行して少年の数が

減ったからではないか」という疑問を抱く人がいるかもしれません。確かに，少年の数が減れば，少年による刑法犯の数も減る可能性があります。しかし1980年代以降の少年による刑法犯は，子どもの数の増減（とくに少子化による減少）だけでは説明できないほどのペースで減る傾向にあります。

　事件や事故などを含めた社会の動きを報道する専門家といえるマスメディアの記者でも，衝撃的なできごとがいくつか続けて起きるとそれに引きずられた報道をしてしまいがちです。また人間は，自分がもともともっている考え方や信念に都合のよい判断をする傾向にあります。このような偏った見方・考え方を是正してくれるのが正確なデータです。

　したがって私たちが学術的な研究を行う際には，第1に，きちんとした手続きで収集された正確なデータを探すことから始める必要があります。調査主体が信頼できる人・機関であるかどうか，調査手法が適切かどうかは最初に確認しなければなりません。

　第2に，すでに図表などに加工されたものについては，元のデータそれ自体を探さなければなりません。きれいにまとめられたグラフやイラストなどを見ると，それをそのまま切り取って自分のレポートやプレゼンテーションに使いたくなりますが，そういうときほど要注意です。データをグラフやイラストにする際にはそれを作成した人の意図が入り込みますし，また作成者が誤りをおかしている場合もあります。

　第3に，みなさんが自分で図表を作成する際には，正確かつ事実を適正に表現するものを作らなければなりません。

(2)　**課題**：データの読み取りに関する問題

　**ワークシート**🖹 I–6–1の練習問題に取り組みましょう。ここで大切なこと
は，それぞれの問いについて，なぜそれが正解だといえるのか，その理由を説
明できるようにすることです。

# 2
## 授　　業

(1)　**活動** ❶：**課題** の確認

　ペアの学生とともに，**ワークシート**🖹 I–6–1の解答を確認し合いましょう。
同時にそれぞれの問いについて，以下の2つのポイントについての説明をペア
の学生とともに考え，クラス全体に発表できるようにしましょう。

　第1のポイントは，それぞれの問いの内容に則して具体的にその解答が正解
であること（他の選択肢や解答は不正解であること）を説得的に述べることです。

　第2のポイントは，第1の説明を踏まえたうえで，それぞれの問いから学ぶ
ことができる，データの見方や図表の作り方などに関する一般的な注意点を説
明することです。

(2)　**データの定義やその目的の重要性**

　たとえばみなさんが「日本における AI の医療現場への導入と医師・看護
師・薬剤師の役割の変化」というテーマで研究を進めるとします。病院や診療
所などに AI（人工知能）が導入されれば，医師・看護師・薬剤師をはじめとし
た多くの医療職の仕事の内容や方法も大きく変わる可能性がありますし，それ
ぞれの職に就いている人の数も変わってくるかもしれません。そうなるとまず，
現時点で医師・看護師・薬剤師の数はどのぐらいなのか，また，これまでのそ
の推移はどうなっているのか，といったことを調べる必要がありそうです。

　医師など国家資格が必要な職業については法令でその定義が定められている

のが一般的で，その統計も法令に基づいたものが存在すると考えてよいでしょう。したがって，最初に法令におけるそれぞれの職業の定義を確認し，そのうえでそれに則った統計資料を探すことが求められます。

　では，必ずしも資格が必要ではない職業に就いている人（たとえば，書店で書籍や雑誌を販売する業務に従事している人や，飲食店で接客をしている人）の数やその推移はどうやって調べたらよいでしょうか。

　職業別の就業者数に関する統計については「職業分類」という基準があります。これに定められた定義に従って国が統計を取っていますから，これを参照することが必要です。

　ところがやっかいなことがあります。国が定めている「職業分類」には2種類あるのです。1つは統計法第28条に基づく「日本標準職業分類」（総務省所管），もう1つは職業安定法第15条に基づく「職業分類」（厚生労働省所管）です。この2つの職業分類はそれぞれ目的が異なり，これらによる統計もそれぞれその調査・集約方法や内容が異なります。したがって，ある職業に就いている人の数やその推移を調べる場合には，自分の研究の目的に照らし合わせて適切なほうを用いることが必要になります。

　似たようなことは日本の労働者の労働時間に関するデータについてもいえます。労働者（他人〔＝雇用者〕に雇われて働く人）の労働時間については，①雇用者を対象に尋ねた調査（「あなたは労働者を何時間働かせているか」）と②労働者を対象に尋ねた調査（「あなたは何時間働いているか」）があります。みなさんも知っているように，労働時間については労働基準法に定めがあり，この定めに反して労働者を働かせた雇用者に対しては，処分や刑罰が科されます。こういう社会的ルールや構造のもとでは①よりも②の結果のほうが実態に近いデータだとの推定が働くはずです。なぜなら，①雇用者を対象に尋ねた調査で，雇用者が「私は法令に違反して労働者を長時間働かせています」という趣旨の回答をすることはきわめて考えにくいからです。したがって，もし①のデータしか収集していないと「あれ，日本は思ったほど長時間労働じゃないなあ」という印象になってしまいます。

　このように考えると，大学で研究を行うにあたっては「ググって見つけたデータに飛びつく」というやり方は禁忌であることが理解できると思います。

収集したいデータについてどのような統計資料がありうるかを考え，できるだ
け網羅的に資料を収集し（同じ事柄について複数の調査者が調査している場合には，
それらをすべて検討する必要があります），自分の研究の目的に照らし合わせて適
切なデータを選択することが必要です。

### (3) 注意すべきデータ

前項で触れたもの以外にも，取り扱いに注意すべきデータはたくさんありま
す。ここではその例をいくつか見ておきましょう。

#### ① 調査の方法に問題があるもの

朝日新聞 2007 年 8 月 26 日付に「学校とメールは別の顔」という記事が掲載
されました。この記事では当時の中高生がどのぐらい携帯電話を使っているの
かということについて，さまざまな調査結果がいくつかの図表で紹介されてい
ます。表6-1はそれらのうち，中高生が携帯電話を利用している時間を 1 日
あたりの平均で示したデータです。この調査は 2007 年のものですからスマー
トフォンはまだ普及していませんし，現在利用されている SNS などもほとん
ど登場していません。

しかしこの表は何かおかしくないでしょうか。

1 日は 24 時間しかありません。この調査の対象は中高生ですから，授業・
通学・部活・食事・風呂・趣味・睡眠など，多くの事柄に時間を費やしている
はずです。にもかかわらず，携帯電話を 1 日あたり 5 時間以上使っている中高
生が全体の 4 分の 1 以上いるというのは，どこかに誤りがあるはずです。

実はこの調査は，ある携帯電話サイトに登録している中高生会員を対象にし
て，メールを携帯電話に送って回答を呼びかけ，サイト上で携帯電話のボタン
操作で回答するという方法で行われたものでした。これでは，そもそも携帯電
話をもっていない中高生が調査対象に含まれていません。また，携帯電話サイ
トの会員だということは，携帯電話をもっている中高生全体から見てもかなり
ヘビーユーザーが調査の対象となっている可能性があります。中高生全体の動
向を適切に反映しているとはいえないでしょう。このように，調査方法が不適
切なデータは，研究の材料としては使うことができません。

表6-1

中高生の1日あたりの携帯電話利用時間 (単位：%)

| 1日あたりの携帯電話使用時間 | 割　合 |
|---|---|
| 1時間未満 | 15% |
| 1時間以上2時間未満 | 23% |
| 2時間以上3時間未満 | 17% |
| 3時間以上4時間未満 | 13% |
| 4時間以上5時間未満 | 7% |
| 5時間以上 | 26% |

（注）　小数点以下を四捨五入しているため，合計は100%にならない。
（出典）　朝日新聞2007年8月26日付。

### ②　暗数が存在するもの

　南日本新聞2020年5月13日付に「児童虐待，1～3月は1～2割増」という記事が掲載されました。記事の冒頭部分を読んでみましょう。

> 　新型コロナウイルスの感染拡大による外出自粛などで虐待リスクが高まっているとして，厚生労働省が1月～3月の児童相談所で虐待として対応した件数を調査した結果，いずれも前年同月比で1～2割増加していたことが12日までにわかった。

　さて，この調査結果は，前年（2019年）の同じ時期に比べて児童虐待が実際に増えているということを示しているでしょうか。

　この種の統計については暗数の存在に留意しなければなりません。この記事でも明記されている通り，増えているのは「児童相談所で虐待として対応した件数」です。すなわち，誰かが児童相談所や警察などの公的機関に通報しない限り，実際には児童虐待が行われていても，それは統計上に現れることがありません（暗数）。

このような性質をもった統計は他にもあります。たとえば，みなさんの多くは学校や公共機関の傘立てに自分の傘を置いていたら，しばらくしてなくなっていたという経験があるでしょう。誰かが盗ったのだとしたら，立派な（?）窃盗です。しかし多くのみなさんは，傘を盗られたことを警察に通報していないと思います。そう考えてみると，実際の窃盗の件数は，統計に表れたものよりもずっと多いことが想像できます。

### ③　割合と実数の関係

南日本新聞2018年5月30日付には「〔社説〕再犯者率最悪　地域挙げ孤立防止策を」という記事が掲載されました。この記事は，再犯者率（その年に検挙された人のうち，検挙されたのが2回目以上の人の割合）が年々高まり，2016年（平成28年）の再犯者率が過去最高の48.7%に達したことを報じています。そのうえで，刑務所を出所した人の社会復帰支援を充実させることを訴えています。

この記事についている見出しの「最悪」という文字からは，非常に強い印象を受けます。繰り返し罪を犯して検挙される人の割合の上昇からは，治安が悪化しているという印象を受けるかもしれません。

しかし，実際はどうでしょうか。

図6-1は法務省が発行している犯罪白書の令和3年版に掲載されている図です（法務省法務総合研究所 2021, p.234）。初犯者も再犯者もかなり長期にわたって減っていることがわかります。ただ，初犯者の減り方に比べて再犯者の減り方が緩やかなので，割合で見ると再犯者率は上昇しているということになってしまいます。この図を見る限り，治安は必ずしも悪化しているわけではなさそうです。

データを見るとき，割合だけ，あるいは実数だけにとらわれると，状況を正確に分析することができなくなってしまいます。

### (4)　活動 ❷：よりよいデータの読み取り，よりよい図表の作成

以上のような点を踏まえて，ここで，ワークシート📝1-6-2に取り組んでみましょう。既存の図表を正確に読み取る技能や，既存のデータを適切に収集・分析して図表に表現する練習をしてみましょう。

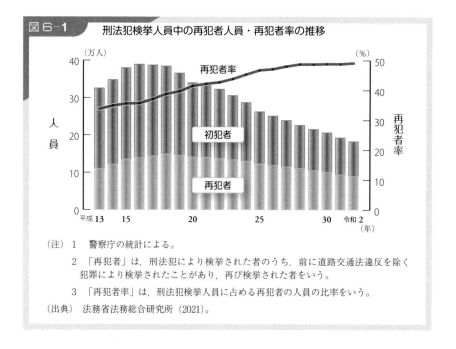

図6-1 刑法犯検挙人員中の再犯者人員・再犯者率の推移

（注） 1 警察庁の統計による。
2 「再犯者」は，刑法犯により検挙された者のうち，前に道路交通法違反を除く犯罪により検挙されたことがあり，再び検挙された者をいう。
3 「再犯者率」は，刑法犯検挙人員に占める再犯者の人員の比率をいう。

（出典） 法務省法務総合研究所（2021）。

解答後にはピアとともに解答を確認し，解答の根拠について議論しましょう。

### (5) データを調査するためのティップス

本項では，みなさんがデータを収集するうえで便利に使えて，ある程度信頼を置くことができるリソースを紹介します。

#### ① e-Stat　政府統計の総合窓口（https://www.e-stat.go.jp/）

政府が行っている統計調査について，かなり網羅的に検索することができるウェブサイトです。分析に利用しやすいよう，データを整理して表示する機能も提供しています。また，国の官庁が提供する統計に関するウェブサイトへのリンク集もあります。

#### ② 総務省統計局（https://www.stat.go.jp/）

政府の統計を所管する総務省統計局のウェブサイトです。統計の学習ができ

る「なるほど統計学園」(https://www.stat.go.jp/naruhodo/index.html) や「データサイエンス・スクール」(https://www.stat.go.jp/dss/index.html) といったサイトも提供しています。

### ③ 官庁が提供する白書・青書・年次報告書

官庁はその業務について報告書を発行しています。多くは白書（white paper），青書（blue book），年次報告書などと呼ばれますが，そのような名前ではない[1]ものもあります。白書類は書店で書籍として販売されてきましたが，最近では多くの白書類がインターネット上で，無料で閲覧できます。白書類のリンク集としては，本書刊行時点では国立国会図書館が提供するもの (https://rnavi.ndl.go.jp/jp/politics/JGOV-hakusyo.html) が充実しています。

### ④ 省庁・地方公共団体のウェブサイト・統計集

上記①から③で見つからない統計資料も，省庁のウェブサイトには掲載されている場合があります。また，都道府県庁や市町村役場のウェブサイトにも，それぞれの地方公共団体に関係する統計資料が掲載されています。

### ⑤ 大学図書館を利用する（ウェブサービスを利用する，司書に質問する）

大学附属図書館の公式ウェブサイトでは，通常であれば代金を払って購入しなければならない各種データベースが無料で利用できる場合があります（学生であること，学内からの利用に限ることなど，ある程度の制約やルールはあります）。また，必要なデータを自分ではどうしても見つけられないという場合には，図書館の司書に相談するのもよい方法です。司書は資料検索の専門家です。

### ⑥ 国立国会図書館 (https://www.ndl.go.jp/jp/use/service/index.html)

国立国会図書館のウェブサービスには，統計情報を提供するものがあります。また，その中の「リサーチ・ナビ」(https://rnavi.ndl.go.jp/jp/) は，調査・研究

---

1　白書や青書は，もともとイギリスで発行された際に，それぞれ白・青の表紙が用いられていたことに由来するといわれています。

を行うためにきわめて有用です。

⑦　NHK 放送文化研究所（https://www.nhk.or.jp/bunken/）

　人々の意識や生活の実態などに関する調査や統計には信憑性の低いものがか
なりあり，それらを利用するときにはとくに注意が必要です。ただ，NHK 放
送文化研究所（文研）が提供するデータは，その中でもかなり信頼できるもの
と考えてよいと思います。文研が行っている調査の中には，人々が何にどれぐ
らいの時間を使っているかに関する調査（国民生活時間調査）や日本語の使われ
方に関する調査など，多様なものがあります。

# 3
## 本章のまとめ

　データの分析と表現は，研究のかなめの１つです。まずは，学問的に適正だ
と考えられている収集・分析・表現の方法をきちんと身につけることが大切で
す。また，自分１人だけではデータの見方が偏ることもあります。自分の設定
した仮説に沿ったデータだけを利用し，仮説に反するデータをなかったものに
する「チェリーピッキング」に陥ってしまう危険性もあります。友人と議論し
つつ，また，教員の指導を仰ぎつつ，適切にデータを活用することが重要です。

# 4
## 事 後 学 習

　データ読み取り・分析の練習として，ワークシート🗒 I-6-3に取り組みま
しょう。どのようなことを分析するためにそのグラフが作られたのか，それぞ
れのグラフから何を示すことができるのか，ということに留意してください。

# 5
## 発展的学習

　本章では表計算ソフトや統計ソフトの活用については取り上げることができませんでしたが，下記の文献案内で紹介した書籍も参考にしながら，**ワークシート**📄 I - 6 - 4 に取り組んでみてください。

---

**さらに学びたい人への文献案内**

**相澤裕介**（2022）『統計処理に使う Excel2021 活用法――データ分析に使える Excel 実践テクニック』カットシステム（先輩が教える series36）.

**西山敏樹・鈴木亮子・大西幸周**（2013）『データ収集・分析入門――社会を効果的に読み解く技法』慶應義塾大学出版会（アカデミック・スキルズ）.

**山田剛史・林創**（2011）『大学生のためのリサーチリテラシー入門――研究のための 8 つの力』ミネルヴァ書房．※とくに第 7 章

**山本義郎**（2005）『グラフの表現術――レポート・プレゼンに強くなる』講談社（講談社現代新書）.

---

## 本章の参考文献

**朝日新聞**「学校とメールは別の顔」2007 年 8 月 26 日付東京朝刊, (3).

**法務省法務総合研究所編**（2021）『令和 3 年版犯罪白書――詐欺事犯者の実態と処遇』https://www.moj.go.jp/content/001365724.pdf［2022 年 10 月 31 日閲覧］.

**南日本新聞**「児童虐待，1 〜 3 月は 1 〜 2 割増」2020 年 5 月 13 日付, (20).

**南日本新聞**「［社説］再犯者率最悪　地域挙げ孤立防止策を」2018 年 5 月 30 日付, (5).

# 第 **7** 章

## 研究における倫理について考える

### テーマの概要

　高校までの学習とは違い，大学では，自分で正確な情報を探し，問いを立て，新しい知見を生み出すことが求められます。授業の課題レポートやプレゼンテーションでも，独りよがりではない観点から，自らの意見を説得的に展開することが必要です。その際，自身の思い込みによる間違った認識や偏った認識，責任をもてないあやふやな情報を流布しないように十分に注意する必要があります。

　学生のみなさんも，研究活動を行うときは研究者として扱われ，学術的誠実性が求められます。正直，信頼，公正，敬意，責任，勇気という観点から，行動することが基本です。学術的誠実性を欠く行為は，不正行為につながります。

　不正行為には，不正に相当することを知らずにしてしまうケースと，認識しながらもしてしまうケースがあります。たとえ知らなかったとしても，不正は不正であり，処罰の対象となります。認識不足や「これくらいは大丈夫だろう」という個人の甘い認識が，大学など所属機関や業界全体の社会的信用を揺るがす事態に発展してしまうこともあります。とりわけ，ソーシャルネットワークなどにより情報がすぐに拡散され残ってしまう現代において，本人の将来に与えるダメージも深刻です。

　こうした事態を防ぐために，本章では，研究活動において何が不正行為に相当し，なぜ問題なのか，不正を防ぐためにどのような点に注意する必要があるか確認しま

す。研究倫理上よくないと言われていることは，なぜよくないのか，一見悪いと思えないことがよくないとされている理由は何か，明らかに悪いことをなぜやってしまうのか，これらの問題を考えることを通して，研究上の問題だけにとどまらない現実の問題への対応力を磨きましょう。

## 本章の達成目標

- 研究活動・レポート作成における不正行為を説明できる。
- 研究倫理に関する知識を習得し，健全な学生生活を送るスキルを身につける。

# 1
# 事 前 学 習

### (1) 研究活動における不正行為

三大研究不正と呼ばれているのは以下の3つです。

---

① 捏造（ねつぞう）
存在しないデータ，研究結果等を作成すること。

② 改ざん
研究資料・機器・過程を変更する操作を行い，データ，研究活動によって得られた結果等を真正でないものに加工すること。

③ 盗用
他の研究者のアイディア，分析・解析方法，データ，研究結果，論文又は用語を，当該研究者の了解又は適切な表示なく流用すること。

文部科学省（2014）p. 10

---

捏造と改ざんの違いを簡単に説明すると，存在しないもののでっちあげが捏

造，都合のよい加工が改ざんに相当します。出典を明記しないで他者の文章を利用することは盗用です（自分の文章として発表することをとくに剽窃といいます）。コピペ（コピー＆ペースト）も，盗用に相当します。捏造・改ざん・盗用は虚偽を含み，公正さと信頼を損なうことにつながります。これらの不正は，違法行為でもあり，守らない場合は厳しく処罰されます。

　他にも研究活動における不適切行為として以下のものがあります。

---

④ **不適切なオーサーシップ**
　　研究に貢献のない研究者を共著者に加えること（ギフト・オーサーシップ）
　　や，研究に貢献した研究者を共著者から外すこと。
⑤ **二重投稿**
　　他の学術誌等に既発表または投稿中の論文と同じ論文を投稿すること。

---

　不適切なオーサーシップは，研究の責任の担い手を不透明にすることから，学術的誠実性に根本的に反する行為です。研究を公開する際は，自分自身の名前で責任をもって公開できる内容か十分に吟味する必要があります。

　二重投稿は，業績の水増しになるだけではなく，偏った知識を広めるという側面においても公正さを欠きます。また投稿論文の審査や研究の再現実験（追試）を繰り返すことは，他の研究者に労力やコストをかけることになります。学部生の段階で学術誌に論文を投稿することは稀かもしれませんが，自身の行為が，偏った知識の拡散や，他者の労力およびコストの無駄遣いにつながらないかということは十分に注意して行動しましょう。

## ⑵ 大学生の不正行為

　以下の例は大学生がしてしまいがちな不正行為であり，処罰の対象になります。

---

**捏造**
- 思い通りの結果が得られなかったため，事実とは異なる架空の実験画像を作成

**改ざん**
- 推論に合わない実験データを削除してグラフを作成

**盗用（剽窃）**
- ウェブ上の文章を丸写し（コピー&ペースト）して，自分のレポートとして提出
- 出典を明記せずに他者の文章を引用し，一部を書き換えて提出
- 友人や先輩の執筆したレポートに加筆修正して自分のレポートとして提出
- 他人に代筆してもらったレポートを提出
- 自分のレポートを他人に写させてあげる
- カンニング

**その他**
- 事前に担当教員の許可を得ず，複数の授業に同じ課題を提出
- 個人で作成すべきレポートを，担当教員の指示なしに友人と共同で執筆し，それぞれが酷似した内容のレポートを提出

---

　上の例にもあるように，不正行為のほう助（他者の不正行為を助ける行為）や不正をもちかけることも処罰の対象になる点は十分に注意してください。もしも不正をもちかけられても，誘いにのらない勇気をもちましょう。

　不正を疑われないために，試験やレポートの条件を事前に十分に確認したうえで，試験監督や教員の指示を守りましょう。また第8章で学習する引用や出典のルールを守りましょう。

　✎　イレギュラーは隠さず正直に公に！

　自身の仮説に都合のよいデータだけを選び，矛盾するデータを無視したり，

自身の仮説に合わせるために，データの不規則性，数値のばらつきを取り除いてグラフ化したりすることは改ざんにつながります。ただしこのような不規則性の平滑化の作業が必要な場合もあります。データを平滑化したことについて，詳細な手順や理由が明記されていれば，正当な「データ処理」とみなされますが，報告のないデータ加工全般は「改ざん」となるので注意してください。

授業の課題を複数で役割分担をして研究した場合も，担当教員の承諾を得たうえで，共同研究である旨と自分の担当箇所を明記するようにしましょう。

### (3) 不正行為の代償

成績評価物（最終レポート，期末試験，ミニッツペーパー，小テスト，実験ノート，レジュメ等）のすべてにおいて，不正行為は処罰の対象となります。不正行為のあった科目だけでなく，他の授業の単位まで無効になることもあります。場合によっては停学・退学の措置がとられる可能性もあります。不正行為の代償は大きいものなのだという認識をもちましょう。

### (4) 　課題 ：確認問題

ワークシート I–7–1 に取り組んでください。各項目で挙げられた行為が，不正行為にあたるかどうかを確認しましょう。また，不正行為を行うとどうなるか，自身の所属機関の規則を確認しましょう。

# 2
## 授　　業

### (1) 盗用（剽窃）とならないための注意点

レポート・論文を執筆する際は，先行研究を参考にします。無意識のうちに，根拠や書き方が似てしまうことはありえますが，他者の文章の盗用（剽窃）とならないために，以下の点に注意する必要があります。

> ● 引用は，自分の書いた文書を超えない範囲で必要最低限に抑える
> ● どの箇所が引用箇所なのかを明記する
> ● 引用する際は正確に引用する
> ● 引用した文献は参考文献一覧に記載する

　引用をきちんと示すことは，他者のオリジナティに敬意を払うことです（詳しくは第8章）。他者のオリジナリティをないがしろにしないようにしましょう。

(2)　**活動 ❶**：盗用（剽窃）が疑われるレポート

　(1)の注意点を踏まえたうえで，**ワークシート** 1−7−2 に取り組んでください。このレポートには，研究倫理上の問題点が含まれています。問題のある箇所をチェックし，どのような点が問題か記入してください。

　記入し終わったら，ペアで気づいた問題点を報告し合いましょう。またどのように修正したらよいか考えてみましょう。

(3)　**不正の露呈**

　文章中に次のような箇所があると不正を疑われる可能性があります。

> ● 参考文献に挙げられていない人名の引用
> ● 説明がなく，一般的な意味において理解できない記号や数字の使用
> ● 話し言葉やねじれ文などを含む稚拙な文章から，書き言葉で書かれた論理的な文章へと文体が急に変わる
> ● 非常に高度な専門知識を要する内容が，引用元を明記せず，学生自身で調査したことのように書いてある

　課題レポートの盗用や剽窃の防止のためのコピー＆ペースト判定ソフトウェアもあります。不正行為は必ず見つかるということを意識しましょう。

(4)　**人を対象とする研究倫理**

　人を対象とする研究では以下の点を十分に配慮することが求められます。

| 科学的妥当性<br>（有効性・有害性・適切性） | ➡ | ●利益だけでなくリスクも考える |
| 倫理的妥当性<br>（安全と権利の保障） | ➡ | ●十分な説明と自由意志に基づく同意 |
| 社会的妥当性<br>（経済性・公平性） | ➡ | ●社会的に弱い立場にあるものへの特別な配慮 |

　人を対象とする実験だけでなく，インタビュー調査やアンケート調査も人を対象とする研究です。これらの研究は専門的な知識を要し，訓練なしに行えるものではないことをまず認識しましょう。

　自身の専門が直接的に人を対象とする研究分野でなくても，研究活動において他者に危害を与えないためには以下の点に十分に配慮する必要があります。

● **インフォームド・コンセント**：研究活動の協力者・機関に対し，以下の点をわかりやすく説明し，自由意志に基づいて同意を得る必要があります。
  ❶ 研究の目的，意義，方法
  ❷ 研究対象者のリスクと利益　　［リスクも正直に！］
  ❸ 研究の責任者（連絡先）
  ❹ 研究の利用・発表方法
  ❺ 秘密保持の約束
  ❻ 協力を拒否しても不利益を被ることがないこと

● **個人情報の保護**：研究中に知り得た内容を SNS などに投稿したり，家族や友人にうかつに話したりしないようにしましょう。研究データの保存・管理の際に，個人情報を漏洩するリスクがないか十分に気をつけましょう。

● **差別的表現**：差別的な表現を無意識のうちに使ってしまう可能性もあります。調査票（質問票）を作成する際や研究を公開する際には，表現に問題がないか，共同研究者や担当教員など複数の人と十分にチェックするようにしましょう。

(5) 　活動 ❷：不正行為の動機

　自分自身がしてしまいそうな不正の具体例を **ワークシート** Ⅰ-7-3 に挙げてください。レポート作成時や，自身の専門研究においてしてしまいそうなこ

とを記述してください。次に，なぜ，その不正行為をしてしまいそうになるか，不正の動機や，不正を誘発する要因について考えてみましょう。そして，グループで，各自考えたことを報告し合いましょう。

### (6) なぜ研究不正をしてしまうのか

　研究不正の背景として，研究遂行のためには不正もやむを得ないと考えてしまう研究者の倫理観の欠如が問題であることは確かですが，同時に，（コピペや画像加工など）技術的な容易さや組織の体質，不正チェック体制の不備など，不正を可能にする手段や環境の問題もあります。また，近年の大学の財政難により，競争的研究資金獲得のため，研究に質より量が求められるようになりました。とくに若い，不安定な身分の研究者が不正を行ってしまう背景として，就職をめぐる厳しい状況があります。このように不正は，単に個人の意識の問題だけでなく，不正ができてしまう環境や，不正をせざるを得ないような状況に追い込む制度・システムとも深く関わっています。

　研究不正がはびこってしまうのは個人だけの問題ではありません。しかし，個人レベルにおいて，不正を働いてしまうような状況を作らないようにすることも重要です。課題は余裕をもって準備する，実験・研究ノートを作成し研究の記録を残す，複数のデータ・資料を混乱しないように整理するなど普段から心がけましょう。とくに最後の点に関し，学部生の段階から，他者の文章と自分の文章を明瞭に区別して，ノートやメモをとる習慣を身につけることは重要です。この区別の仕方に関しては，第8章 で詳しく学習します。

　また共同研究の場合は情報を共有化する（相互チェック体制をとる），研究グループや組織内の関係性を，ミスを隠さずに報告できる風通しのよいものにすることも重要です。

### (7) 活動 ❸：倫理的問題への対処

　活動 ❷のワークシート📝I-7-3で挙げた不正がよくない理由を考えてワークシート📝I-7-4に記述してください。さらに，ワークシート📝I-7-3で挙げた不正をしてしまいそうになった際に，他にどのような行動をとることができるか考えみましょう。

ワークシート📝 Ⅰ-7-4 に記述した内容について，グループで意見交換しましょう。意見交換の後，他の人の意見の中で気になった点を整理しておきましょう。

# 3
## 本章のまとめ

　本章を通して，どのような行為が不正行為にあたるかを確認しました。不正行為は処罰の対象になるということを改めて認識しておいてください。また，処罰以前にそもそも不正行為は自分のためになりません。大学では，自分で正確な情報を探し，自らに固有の問いを立て，そこから新しい知見を生み出すことが求められます。不正に手を染めることは，そのような学習の機会を自ら放棄することでもあります。

　個人情報の漏洩や研究データの杜撰な管理，不用意な言葉遣いは，自分ではうっかりミスのつもりが，取り返しのつかないほど社会的信頼を失うことになりえます。これらの点には十分注意して研究を進めるようにしましょう。

　実際の学生生活において，不正の疑いのある事態に遭遇し，どのように行動すべきかわからないということもあると思います。その際は，事態を冷静に受け止め，取るべき行動を判断しましょう。

# 4
## 事 後 学 習

　第2節(2)(3)の学習内容に基づき，自身のレポートに関し，不正を疑われるような要素がないか確認しましょう。とくに，どこからどこまでが引用箇所か明確に示しているか，本文において引用した人名は参考文献に挙げているか，図表のデータの典拠を示しているかは，しっかりとチェックしてください。具体的な記載の仕方に関しては，第8章で詳しく学習します。

# 5
## 発展的学習

　自身の研究分野でどのような研究不正があるか調べてみましょう。同じ状況に自分自身が追い込まれた際，どのように行動できるか考えてみましょう。

さらに学びたい人への文献案内

**上岡洋晴**（2016）『コピペしないレポートから始まる研究倫理――その一線，越えたらアウトです！』ライスサイエンス出版（ライフサイエンス選書）.

**黒木登志夫**（2016）『研究不正――科学者の捏造，改竄，盗用』中央公論新社（中公新書）.

### 本章の参考文献

文部科学省（2014）「研究活動における不正行為への対応等に関するガイドライン」（平成 26 年 8 月 26 日文部科学大臣決定）https://www.mext.go.jp/a_menu/jinzai/fusei/index.htm［2022 年 8 月 31 日閲覧］.

## 倫理テスト

研究不正は明らかな悪ですが，研究活動や学生生活，また社会人になってからも，何がよくて何が悪い行為かわからない場面に遭遇することもあると思います。

そのようなときに参考の１つになるのは，技術者倫理の分野で用いられてきた倫理テストです。このテストは，もともとはイリノイ工科大学のマイケル・デイビスが，倫理学の代表的な倫理理論をだれにとっても使いやすい実践的な行動指針にするために発案したものですが，さまざまなバージョンがあり，企業において，従業員の倫理的行動を支援するために用いられることもあります。以下に，倫理テストの手続きと，よく用いられる倫理テストを紹介します。

【倫理テストの前の確認事項】

① 当事者の立場から直面している倫理的問題を表現する。

② 事実関係を整理する（不確かな事実や，憶測，確認すべき事実の検討）。

③ ステークホルダー（自分の行動によって影響が及ぶ利害関係者）を整理する。

④ 考えられうる限りの取りうる行動を挙げる。

【倫理テストの例】

④で挙げた行動の倫理的妥当性を倫理テストによって検討します。以下のテストがよく用いられます。

(1) **専門職テスト**：その行いは専門職の職務上（あるいは○○大学の学生として）許されることか。

(2) **普遍化可能性テスト**：すべての人がそのような行いをしたらどうなるのか。

(3) **可逆性テスト**：他人がそのような行いをしたら，自分はどう考えるか。

(4) **危害防止テスト**：その行いは，自己や他者に不当な危害を与えるか。

(5) **公開可能性テスト**：その行いは，自分の所属する組織，業界，広く社会一般に対して公開できるか，またその行いは，自分の所属する組織，業界，広く社会一般に知れ渡っても非難されないか。

(1)〜(5)の倫理テストの評価に基づき，自分の取るべき行動を決定する。

札野（2015）pp. 128-129，眞嶋・奥田・河野（2015）pp. 17-23，pp. 163-164 より作成

　すべてのグレーゾーンがこのテストで解決するわけではありませんが，どうしたらよいかわからない状況になった場合は，倫理テストをガイドラインに自分の取るべき行動を冷静に検証してみましょう。

## ●参考文献●

札野順（2015）『新しい時代の技術者倫理』放送大学教育振興会．

眞嶋俊造・奥田太郎・河野哲也（2015）『人文・社会科学のための研究倫理ガイドブック』慶應義塾大学出版会．

第 **8** 章

## 引用，注の用い方と
## 参考文献一覧の作り方を知る

### ⠇⠇ テーマの概要

家を出るときに家族があなたに声をかけました。

①「今日は午後から雨が降るよ」

②「天気予報で『午後から雨が降る』と言っていたよ」

どちらのほうが傘をもっていこうと思いますか。②のほうですよね。①は単なる
憶測にすぎませんが，②のように，天気予報を引用することで，言葉は説得力をも
ちます。これが引用の効果です。しかし次のように言われたらどうでしょう。

③「お母さんが『午後から雨が降る』と言っていたよ」

③の場合は，お母さんの言っていることが科学的根拠に基づくものかどうかは定
かではありません。よって，引用としては不適切ということになります。

引用とは，厳密には，他者の著作物を自分の論文やレポートの中で用いることで
す。自身の研究が，信頼できる研究を足場にしていることを示すことによって，主
張は説得力を増します。さらに，先行研究を踏まえ，複数の異なる見解を比較検討
することで，自身の問いは学問的・社会的に高い重要性をもちます。そこから，研
究のオリジナリティが生まれます。

本章では，引用の目的，ルールについて学習します。引用ルールに則らずに作成
したレポートや論文は，不正行為とみなされ，処罰の対象になります。適切に引用

することは，他者の研究成果に敬意を払うことであるとともに，他者とは異なる自身に固有の考え方に向き合うことでもあります。レポート・論文を作成する際は，ルールに則った正しい引用を心がける必要があります。

□ 文献の書誌情報を正しく記すことができる。

□ 引用の目的を説明できる。

□ 基本的なルールに基づき，正しく引用することができる。

# 1
# 事 前 学 習

(1) **引用の目的**：信頼性・新規性・敬意

　適切な引用は，自身の主張に説得力を与えます（信頼性）。また，従来の研究とは異なる自身の研究のオリジナリティを示すことができます（新規性）。

　さらに，引用を示すことは，批判するにせよ賛同するにせよ，考えるきっかけやヒントを与えてもらってありがとうという感謝の気持ちを示すことでもあります（敬意）。引用元を示さないことは，大切なものを分けてもらいながら，ありがとうと言わないことと同じです。そのようなレポートは，他者の意見を尊重できない人が書いているという印象を抱かれる可能性があります。さらに他者の研究成果を自分が調べたことのように示すことは「盗用（剽窃）」であり，絶対に許されません。他者のオリジナリティを無視したり，薄っぺらいものにしたり，捻じ曲げたりしないように，十分に配慮する必要があります。

　引用を適切に示すことによって，自身の文と他者の文が明確に区別できます。

そこから，自分の問題意識や，考えたい方向性がはっきりしてきます。自身に固有の考え方に向き合うことは，大学の研究だけではなく，将来進むべき方向を決めることにもつながります。

### (2) 引用のルール

引用にはルールがあり，著作権法の第32条と第48条で規定されています。次の要件を満たした場合は，著作権者の了解なしに引用することができます。

---

① 引用する著作物がすでに公表されたものであること
② 引用する必然性があること
③ 引用にあたる部分を明確に示してあること
④ 引用する著作物を許可なく改変しないこと
⑤ 自分の著作物が主たる部分で，引用部分は従たる部分であること
⑥ 出典を明記すること

日本学術振興会（2015）p. 72 より作成

---

このルールに則らない引用は，著作権法違反となり，訴訟や刑罰の対象になります。引用のルールについて順番に確認します。

① **公表された著作物**：公表された著作物とは次のようなものです。本，雑誌などの出版物，官公庁が公開している白書・調査統計資料・報告，インターネット上で公開されている企業や個人の文書・発言。

未公表の私信，レポート，発表前の論文は，公表されていないので引用できません。自分が受けた講義の資料を引用する場合は，その授業のレポートの場合は問題ありませんが，論文を書く際には資料を配付した教員に許可をもらうようにしてください。

また，歴史的事実や常識などは，著作物に含まれないので，引用元を示す必要はありません。

② **引用する必然性**：引用の際は，自説の補強や組み立てに必要な箇所を絞り込む必要があります。余計な部分まで引用しないようにしましょう。

③ **引用部分の明確な区別**：引用部分を括るなど，自分の文章でないことを明示する必要があります。具体的なやり方に関しては，第2節で学習します。

④ **許可のない改変**：著作者は，著作物に関し，自分の意に反して無断で「改

変」（変更，切除）を受けない権利をもちます（著作権法第 20 条）。引用の際の許可のない勝手な変更は，やむを得ない場合を除き著作権法違反となります。

⑤　**主従関係の明確化**：質的にも量的にも，主であるのは自分の文章です。分量的に引用文より自分の文章が占める割合のほうが多くなければなりません。内容的にも引用文献とまったく同じものにならないようにしましょう。

⑥　**出典の明記**：引用する際は，読者が原典にたどり着ける情報を明記しなければなりません。たとえば，次の【悪い例】を見てみましょう。

**【悪い例】**

> 山田　近年の気候変動と地球温暖化

このような書き方では，引用文献が論文なのか，書籍なのか，「近年」がいつを指すのか，この文献が信用できる文献なのか判断することができません。次項では，出典の明示のために必要な情報について学習します。

### (3)　引用（参考）文献の記載の仕方

引用文献の書き方は，専門分野によって異なります。基本的には，自身の専門分野の研究者のやり方や，論文の投稿規定に従ってください。とくに自然科学系の分野を専攻する学生は，科学技術情報流通技術基準である SIST 方式（科学技術振興機構 2011）を参考にしてください。ただし，どの専門分野の論文・レポートを作成する場合でも，読者が原典にたどり着くことができるよう，書誌情報として以下の点を記載する必要があります。①著者名，編者名など，②書名，誌名，論文タイトルなど，③版，出版者，出版年，巻・号・頁など，④（ウェブ上の情報の場合）入手先，入手日付。ここでは，本書巻末のレポート執筆要項例に従い引用文献の記載の仕方を学習します。

### 本書のレポート執筆要項に従った引用文献の記載

**【書籍】著者名（発行年）『書名』出版者.**

> 野矢茂樹（2006）『入門！論理学』中央公論新社（中公新書）.

🖋 出版者としてまず記載すべきは出版元の「中央公論新社」です。「中公新書」はシリーズ名であり，出版者ではありません（必要に応じて入れる情報です）。

**【雑誌論文】** 著者名（発行年）「論文名」『雑誌名』巻数（号数）：頁数.

> 主税裕樹・大島一郎・髙山耕二・中西良孝（2013）「わが国における山羊飼養の実態──アンケート調査結果から」『日本暖地畜産学会報』56（2）：pp.167-170.

**【論集などに所収の論文，複数の執筆者が独立した章を担当する著作】**
著者名（発行年）「論文名 or 章題」編者（編）『論文集名 or 書名』頁数：出版者.

> 天野卓（2010）「ヤギ」正田陽一（編）『品種改良の世界史 家畜編』pp.294-309：悠書館.

**【ウェブサイト】** 著者名または機関名（発表年）「サイト名」URL［アクセス年月日］.（発表年不明の場合省略可）.

> 小笠原村環境課（2015）「集落のネコ対策」https://www.ogasawaraneko.jp/集落のネコ対策/［2022年7月18日閲覧］.

🖋 ウェブ上の情報は URL，閲覧日まで記載する必要があります。URL のハイパーリンクは削除します。

**【新聞記事】**

▼ **「社説」や事件の詳細などを引用する場合**
新聞名「社説／記事タイトル」発行日付，地域朝／夕刊，（面）.

> 朝日新聞「社説」2020年3月10日付，東京朝刊，13（14）.

🖋 日付，必要に応じて，地域，朝刊／夕刊，版，面を書きます（例では第13版14面を意味します）。社説や事件について新聞記事を引用する場合は，参考文献一覧には挙げず本文に（ ）で示すこともできます。

▼ **筆者がわかる場合**
筆者名（発行年）「記事タイトル」『新聞名』発行日付，地域朝／夕刊（頁）.

> 横田美晴（2019）「メ～わくかけました　脱走の3頭，警察が保護し飼い主へ　桜井／奈良」『毎日新聞』2019年5月26日付，奈良朝刊（24）.

▼ウェブ上で入手した場合

筆者名（発行年）「記事タイトル」『ウェブサイト』掲載年月日，URL［アクセス年月日］.

> 神田和明（2021）「天然記念物ケナガネズミの死骸が見つかる　猫が捕食か」
> 『朝日新聞デジタル』2021 年 4 月 9 日，https://www.asahi.com/
> articles/ASP493HR2P47TLTB00H.html ［2022 年 7 月 8 日閲覧］.

【翻訳書】著者名（発行年）『書名』訳者名：出版者.

> エコ，ウンベルト（1991）『論文作法──調査・研究・執筆の技術と手順』
> 谷口勇訳：而立書房.

🖊 著者名は，日本人以外でも姓名の順に書きます。

【書籍（英語）】著者名（発行年）書名（斜体），出版地：出版者.

> Collins, Harry & Pinch, Trevor (1998) *The Golem at Large: What You Should Know about Technology*, Cambridge: Cambridge University Press.

【雑誌論文（英語）】著者名（発行年）"論文名"，雑誌名（斜体），巻数（号数）：頁数.

> Miyake, Naomi & Norman, Donald A. (1979) "To ask a question, one must know enough to know what is not known", *Journal of Verbal Learning and Verbal Behavior*, 18 (3): 357-364.

【論集などに所収の論文，複数の執筆者が独立した章を担当する著作（英語）】
著者名（発行年）"論文名 or 章題" in 編者，書名（斜体），巻，頁数，出版地：出版者.

> Sen, Amartya (1986) "Social choice theory" in Arrow, K. J. & Intriligator, M. (Eds.), *Handbook of Mathematical Economics*, vol. 3, 1073-1181, Amsterdam: North-Holland.

⑷　課題：規定に従って書誌情報を記載する

ワークシート🗒 I-8-1 に取り組んでください。問題文に示された規定に従って書誌情報を記載してください。

# 2

## 授　業

### (1)　導　入

　引用には，直接引用と間接引用の2種類があります。どちらの方法でも，引用部分を自分の文章と明確に区別する必要があります。「どこからどこまで」を「誰が」「いつ」「どこに」書いているのかを明示しなければなりません。

### ①　直接引用

直接引用では元の文をそのまま（一字一句正確に）引用します。

　🖉 短い引用（3行程度までを目安）は「　」で括ります。
　🖉「　」の後ろは，〜と述べている／と主張している／と指摘する，などとします。

### 【引用元の原文】

> 論理力とは，思考力のような新しいものを生み出す力ではなく，考えをきちんと伝える力であり，伝えられたものをきちんと受け取る力にほかならない。
>
> 　　　　　　　　野矢茂樹（2006）『論理トレーニング〔新版〕』p.2：産業図書.

引用元の原文を直接引用する際は，次のように書きます。

### 【直接引用の例①（3行程度までの引用の場合）】

> 野矢は，「論理力とは，思考力のような新しいものを生み出す力ではなく，考えをきちんと伝える力であり，伝えられたものをきちんと受け取る力にほかならない」（野矢2006, p.2）と述べている。

　🖉 引用文中最後の句点は省略します。
　🖉 引用の際は，名前の後に「先生」「氏」「さん」などの敬称は不要です。

長い文（3行以上）を直接引用する場合は，ブロック引用を用います。ブロック引用では，引用文の前後1行を空け，左側を2～3字下げます。

【直接引用の例②（ブロック引用）】

　野矢は，論理力について次のように述べている。

　　典型的には，根拠と結論をつないでいく力，すなわち論証を読み解き，自ら組み立てる力であるが，それだけではない。人の話を聞いて，さっきの話といまの話はどう関係するのか，それを把握する力も論理力である。そしてまた，論文や報告書，あるいは一冊の本全体の中で，その部分はどういう位置づけを与えられているのか，そうした全体と部分の関係をとらえるのも，論理の力にほかならない。（野矢 2006, p. 2）

　ここから，独断的な考えに陥らないためにも，論理力を鍛えることは必要であると言える。

### 直接引用への書き込み

「東日本大震災によって多くの家屋が前回（ママ）した」という。

🖉 直接引用では引用元の原文を書き換えることはできません。もし，引用中に明らかな誤字や，本文と一致しない表記がある場合は，該当箇所の後に「（ママ）」という表記を付します。

「論理力とは，（中略）考えをきちんと伝える力であり，伝えられたものをきちんと<u>受け取る力</u>にほかならない」（野矢 2006, p.2, 下線引用者）

🖉 引用文の一部を省略する場合は「（中略）」，引用文を強調したいときは「下線（傍点，太字）引用者」，原文において強調されている場合は「下線原文」を用います。

## ② 間接引用

間接引用は，引用する文献の内容を要約して引用します。**直接引用の例②**におけるブロック引用箇所は次のように間接引用にできます。

【間接引用の例】

> 野矢は，論理力を，単に論証の読み解きや組み立てにのみ関わる力ではなく，話のつながりや，全体と部分の関係を把握する力と理解する（野矢2006，p. 2）。

直接引用では引用文が長すぎて，本文の論旨が不明瞭になることもあります。そのような場合は，間接引用によって引用の必然性が明確になります。

間接引用の際は，次の点に注意しましょう。①原文を正確に理解する，②正確に要約する，③どこからどこまでが引用かわかるように書く。文献を部分的に引用する場合でも，誤解を生むような要約をしないためには，文献全体の論旨を踏まえることが重要となります。


## ③ 孫引き

孫引きとは，他の著作物で引用されていることを，原典を調べずに引用することです。原典を確認しないと，誤解のある解釈や間違った情報が流布する可能性もあります。参考文献として用いる際は，できる限り原典を確認するようにしましょう。


## ⑵ 参考文献リストと引用部分の関連づけ方

出典を明示するには，参考文献リストを挙げるだけでなく，それらの文献がそれぞれ本文中のどの箇所と関わるかを示す必要があります。本文中の引用部分と文献リストを照応させる2つの方法について説明します。


## ① ハーバード方式（著者年方式）

ハーバード方式では，引用文のすぐ後に著者と出版年などの簡単な情報を記入し，詳細な書誌情報を記した文献リストと照応できるようにします。

## 【ハーバード方式記載例】

　コミュニケーション能力は，日本の企業の新卒採用において重視されてきた。日本経済団体連合会が経済連企業を対象に行ったアンケート調査において，「選考において特に重視した点」として「コミュニケーション能力」は，2013年から2018年まで[1]16年間連続1位であった（日本経済団体連合会 2018, p. 6）。

> 著者の姓／機関名（発行年）

　この点に関しては認識している学生も多いだろう。しかし，福井（2019）は，企業の求めるコミュニケーション能力と，学生のイメージするコミュニケーション能力にはずれがあると

> 該当の引用ページを本文に示す

　さて，このコミュニケーション能力は，一般的には理路整然と相手を論駁するような論理的思考とは別物とみなされがちである。それに対し野矢は，論理力を「コミュニケーションの技術」（野矢 2006 p. 2）とみなす。それは次の考え方に基づく。「論理力とは，（中略）考えをきちんと伝える力であり，伝えられたものをきちんと受け取る力に他ならない」（ibid.）。

　本稿では，論理力の向上が，学生と企業の考えるコミュニケーション能力のずれを埋めることにつながることを示す。

> 「ibid.」＝「同上」

注

> 注は参考文献一覧と分けて書く

1　2018年以降に行われた2020年の調査においては「選者において特に重視した点」に関する調査は

> ● 著者名（フルネーム）／機関名はアルファベット順か五十音順
> ● 番号はふらない

## 参考文献

福井愛美（2019）「コミュニケーション能力の捉え方における学生と企業の差異」『神戸女子短期大学紀要論攷』64：pp. 9–19.

> 論文は掲載ページを示す

日本経済団体連合会（2018）「2018年度新卒採用に関するアンケート調査結果」http://www.keidanren.or.jp/policy/index09b.h［2022 年 8 月 25 日閲覧］.

> ハイパーリンクは消す

――（2020）「2021年度入社対象　新卒採用　　　　　　　　　ト結果」ht　　　　　　　　　policy/index09b.html［2022 年 8 月 25 日閲覧］.

> 同著者の場合は年代順

野矢茂樹（2006）『論理トレーニング〔新版〕』産業図書.

> 参考文献欄の各文献の2行目以降は，1–2字下げ

> 同著者が同年に書いた複数の論文を引用する場合
>
> 　児島（2018a）
> ――（2018b）

② バンクーバー方式（引用順方式）

バンクーバー方式では本文の引用箇所に通し番号をつけ，通し番号順に参考文献のリストを作成します。

## 【バンクーバー方式記載例】

> コミュニケーション能力は，日本の企業の新卒採用において重視されてきた。日本経済団体連合会が経済連企業を対象に行ったアンケート調査[1]において，「選考において特に重視〔注番号は別の表記にする〕ニケーション能力」は，2013年から2018年まで16年間連続1位であった。[注1]
>
> この点に関しては認識している学生も多いだろう。しかし，福井は，企業の求めるコミュニケーション能力と，学生のイメージするコミュニケーション能力にはずれがあると指摘する[3]。
>
> さて，このコミュニケーション能力は，一般的には理路整然と相手を論駁するような論理的思考とは別物とみなされがちである。それに対し野矢は，論理力を「コミュニケーションの技術」[4]とみなす。それは次の考え方に基づく。「論理力とは，（中略）考えをきちんと伝える力であり，伝えられたものをきちんと受け取る力に他ならない」[5]。
>
> 本稿では，論理力の向上が，学生と企業の考える〔コミュニケーション能〕力の〔　〕
>
> 注
> 1　2018年以降に行われた2020年の調査[2]においては，「選考において特に重視した点」に関する調査は確認できなかった。
>
> **参考文献**
> 1　日本経済団体連合会（2018）「2018年度新卒採用に関するアンケート調査結果」p. 6. http://www.keidanren.or.jp/policy/index09b.html［2022年8月25日閲覧］.
> 2　日本経済団体連合会（2020）「2021年度入社対象　新卒採用活動に関するアンケート結果」http://www.keidanren.or.jp/policy/index09b.html［2022年8月25日閲覧］.
> 3　福井愛美（2019）「コミュニケーション能力の捉え方における学生と企業の差異」『神戸女子短期大学紀要論攷』64：pp. 9-19.
> 4　野矢茂樹（2006）『論理トレーニング〔新版〕』p. 2：産業図書.
> 5　ibid.

引用箇所に通し番号をふる

注番号は別の表記にする

文末の番号は句点の前

直接引用の「　」の直後に番号をふる

間接引用の場合，著者名の直後あるいは文末の句点の前に番号をふる
例：福井[3]は／〜と指摘する[3]。

該当の引用ページを参考文献欄に示す

③　複数の著者がいる場合

●参考文献欄には全員の名前をフルネームで記載します。

●本文では，2名の場合は「山田・川田によると」，3名以上の場合は「山田ら
　によると」というように記載します。

④　同じ文献を引用する場合

●直前の文献と同じ文献の異なるページを引用する場合は次のように記載しま
　す。

> **例**　「ibid., p. 3」／「同書，p. 3」

●少し離れたところで引用した文献を再度用いる場合は次のように記載します。

> **例**　「著者 op. cit., p. 3」／「著者前掲，p. 3」

⑤　注のつけ方の注意点

●本文の論旨からずれる内容は注に記載します。

●注番号は，注をつけたい**語句の後ろ**にふります。

●注と参考文献を一括して注として示す場合もあります。その場合は，本文の
　引用箇所に注番号をふり，注において参考文献の詳細な書誌情報を示します。
　論文の最後に参考文献リストを五十音順かアルファベット順で示します。

⑥　プレゼンテーション資料における参考文献と引用箇所の関連づけ方

　プレゼンテーション資料における参考文献の示し方も，基本的には専門分野
の研究者のやり方や，発表学会のルールに従ってください。本書では，発表ス
ライドの最後に参考文献リストを載せるやり方と，各スライドの下部に記載す
るやり方を例として示します（図8-1）。

(3)　**活動**❶：悪い引用

　どのような引用の仕方がよくないかを確認します。前章でも学習したように，
引用の際は，引用箇所を明記し，正確に引用することが重要です。**ワークシー
ト**📋**1-8-2**の文章の問題点を考え，箇条書きで記入してください。

図8-1 **スライドでの引用・参考文献の記載例（フローチャート）**

スライドでは著者年のみを
記し，最後のスライドに，
詳細な書誌情報を記した
参考文献リストを載せる。

どちらか選択

各スライドの下部にその
スライドで用いた参考文
献の詳細な書誌情報を
小さく載せる。

## ① 文の引用

| 多様性は「非効率」で「弱い」 |
| --- |
| ● 「多様であるってことは**非効率**ですからね。効率性を重んじる現代社会から見ると，多様であることは**弱いことなんです**」（高橋・辻 2014，p. 117）<br><br>● 「**効率性は文明における強さの定義に欠かせないも**のです。そして，**効率性は，多様性を犠牲にすること**によって高められる。」（高橋・辻 2014，p. 168） |

| 多様性は「非効率」で「弱い」 |
| --- |
| ● 「多様であるってことは**非効率**ですからね。効率性を重んじる現代社会から見ると，多様であることは**弱いことなんです**」（高橋・辻 2014，p. 117）<br><br>● 「**効率性は文明における強さの定義に欠かせないも**のです。そして，効率性は，**多様性を犠牲にすること**によって高められる。」（高橋・辻 2014，p. 168）<br><br><small>高橋源一郎・辻信一（2014）『弱さの思想——たそがれを抱きしめる』大月書店.</small> |

## ② 図表の引用

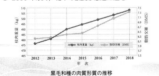

| 日本の肉用牛の改良 |
| --- |
| ● 1990 年代前半 新しい改良技術（BLUP 法）の導入<br>● 2000 年以降，和牛の改良が急速に進む<br><br>黒毛和種の肉質形質の推移<br>農林水産省生産局畜産振興課（2020）より作成 |

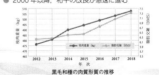

| 日本の肉用牛の改良 |
| --- |
| ● 1990 年代前半 新しい改良技術（BLUP 法）の導入<br>● 2000 年以降，和牛の改良が急速に進む<br><br>黒毛和種の肉質形質の推移<br><small>農林水産省生産局畜産振興課（2020）「家畜改良増殖をめぐる情勢」<br>https://www.maff.go.jp/j/chikusan/kikaku/lin/1_hosin/［2021 年 1 月 21 日閲覧］.</small> |

## ③ 参考文献

| 参 考 文 献 |
| --- |
| ● 高橋源一郎・辻信一（2014）『弱さの思想——たそがれを抱きしめる』大月書店.<br><br>● 農林水産省生産局畜産振興課（2020）「家畜改良増殖をめぐる情勢」https://www.maff.go.jp/j/chikusan/kikaku/lin/1_hosin/［2021 年 1 月 21 日閲覧］. |

各スライドの下部に
参考文献の詳細な書誌情報を
記載している場合は，
参考文献一覧はなくてもよい
（分野による）。

記入し終わったら，どのように修正すべきかペアで話し合ってみましょう。

(4) 活動 ❷ : 正しく引用する練習

ワークシート📝 I-8-3 に自身の出身都道府県の魅力を，300字程度で記述してください。ただし，以下の条件をすべて満たすこと。

---

- 直接引用と間接引用とをそれぞれ1カ所以上入れながら，客観的かつ説得的に説明すること（個人の感想にならないように）
- 引用は，信頼性が高い情報に基づくこと
- 引用した資料については，書誌情報を参考文献一覧に記載すること
- 書誌の記載方法などは，レポート執筆要項に従うこと

---

書き終わったら，お互いの文章をペアで交換し，**チェックリスト**を参考に，コメントし合ってください。アドバイスをもとに，文章を書き直しましょう。

## ✓チェックリスト

| チェック項目 |
| --- |
| 直接引用では，引用元の原文を一字一句違えずに引き，「　」で括っている。 |
| 間接引用では，引用元の内容を正確に要約している。そして，どこからどこまでが間接引用であるかを明示し，執筆者の文と混ざっていない。 |
| 引用箇所にはすべて，ハーバード方式かバンクーバー方式のいずれかの方法で出典を示している。 |
| 書誌の記載方法などは，執筆要項に従っている。 |
| バンクーバー方式における引用の通し番号や注番号は，本文の引用箇所あるいは注をつけたい内容の後に番号をふっている。 |
| ハーバード方式の参考文献リストはアルファベット順あるいは五十音順になっている。 |
| 引用の必然性が本文から理解できる。本文の主旨に関わりのない内容まで引用していない。 |
| URLのハイパーリンクは削除している。 |

# 3
## 本章のまとめ

　引用の書き方は分野による違いもありますが，第1節(2)で確認した著作権を侵害しないための引用ルールに関してはどの分野も共通しています。引用文献は他の人が原典をたどれる書誌情報を記載しましょう。自分の文と他の人の文を明確に区別しましょう。どこからどこまでが引用かはっきりと示しましょう。間接引用の際はとくに，引用文献の内容を歪曲しないように注意しましょう。

　きちんと引用することは大変ですが，形式的な部分を整えていくだけでも，ぼやっとしていた自分の主張がクリアになり，内容的にも自然と充実してくるので，引用をなおざりにしないようにしましょう。

# 4
## 事 後 学 習

　レポート執筆要項に従って，プレゼンテーションあるいはレポートで用いる予定の参考文献の一覧を作成し，**ワークシート📄1-8-4**に記入しましょう。各文献の出版年，論文の場合は収録雑誌における掲載ページ，ウェブ情報に関しては閲覧日まで記載してください。

# 5
## 発展的学習

　他の授業で執筆中のレポートがあれば，引用が適正に示されているか確認し，修正点があれば修正しましょう。第2節の**チェックリスト**を活用してください。

さらに学びたい人への文献案内

**藤田節子**(2009)『レポート・論文作成のための引用・参考文献の書き方』日外ア
ソシエーツ.

**山口裕之**(2013)『コピペと言われないレポートの書き方教室――3つのステップ』
新曜社.


## 本章の参考文献

**科学技術振興機構**(2011)『参考文献の役割と書き方――科学技術情報流通技術基準
(SIST)の活用』https://warp.ndl.go.jp/info:ndljp/pid/12003258/jipsti.jst.go.jp/sist/
pdf/SIST_booklet2011.pdf[2022年8月27日閲覧].

**日本学術振興会**(2015)「[テキスト版]科学の健全な発展のために――誠実な科学者
の心得」https://www.jsps.go.jp/j-kousei/rinri.html[2022年8月31日閲覧].

第 **9** 章

# 授業全体を振り返り，
# 今後の学習方針を立てる

・・・・　テーマの概要

　いよいよ半期の授業の終わりが見えてきました。本章では，これまでの活動を振り返りながら今後の学習について考えます。

　高校までの授業や入学後に受けた授業でも「今日の授業を振り返ってみましょう」という言葉は聞いたことがあると思います。しかし，「振り返り」とは具体的にどのような活動かということを深く考えたことはありますか。「振り返り」は非常に高度なスキルだといわれています。そのため，せっかく振り返りをしても，あまり有意義な活動にならなかったり，表面的な振り返りにとどまったりしがちです。

　本章ではこのような背景を踏まえ，そもそも「振り返り」とはどのような活動なのかを概観します。そのうえで，振り返りを行ううえで重要なポイントを踏まえながら，実際にこの授業全体を通した振り返りを行います。

「振り返り」とはどのような活動かを他者に説明することができる。

自身のもっているスキル・知識を，根拠を示しながら言語化することができる。

自身のもっているスキル・知識をベースに「次にどのような活動」を行うと自身を成長させることができるかを言語化することができる。

# 1
## 事 前 学 習

(1) 　課題 ：自らの成長を考える

　みなさんはこの半期の授業でさまざまなことを学んできました。言い換えると，授業を通して成長したということです。では，どのようなスキルや能力が成長したのでしょうか？　事前学習では，この「成長」に着目します。次の内容をワークシート📝1-9-1に記述してみましょう。

① 　この授業を通して，最も成長したことは何か

　この授業を通して，成長したと思うスキル・能力や，増えたと思う知識を1つ取り上げてください。ポイントは2つあります。1つ目は，「授業の内容と関連のあることを取り上げる」です。たとえば，朝早い授業だったからといって「早起きするスキル」や，高校と比べて授業時間が延びたことを踏まえて「長い時間集中するスキル」といったものはあまりよくありません。授業で扱ったレポートを書くことなどに関する内容などを取り上げましょう。

　2つ目は，「できるだけ具体的に言及する」ことです。たとえば「レポートを書くスキル」は非常に抽象度が高いです。より具体的に，レポートを書くと

はどのようなスキルなのかを検討しましょう。

② 成長したと感じた理由と根拠

①で記述したことに対して，なぜ成長したと思ったのか，その理由・根拠を記述しましょう。現在，考えられる範囲でかまいません。一方で，思いつくことはできるだけ多く書いておきましょう。

# 2
## 授　業

### (1)　「振り返り」とは何か

みなさんは「振り返り」と聞いて何を思い浮かべますか。冒頭で述べたように，授業で教員から言われた経験や，スポーツ中継の最後に流れるハイライト映像のようなものを思い浮かべる人もいるでしょう。この「振り返り」の共通点は，直前の授業や試合などで何が行われたのかを確認するといった点が挙げられそうです。

では実際に学習における振り返りとはどのように定義されているのでしょうか。三宅・白水（2002）によると，次のように定義されています。

> 自分自身の考え方ややり方について意図的に吟味するプロセス。獲得した認知的技能や知識をデータとして新たな技能・知識を作り出す批判的思考力。

少し難しい言葉が並んでいますね。この定義を紐解いていくと，振り返りには2つの活動が含まれていることがわかります。

まず，1つ目です。先の定義の1文目にあたる，これまでの活動を考えることです。学習者とは，授業を受け学習を行っているみなさんのことを指します。

みなさんが，取り組んできた活動，考えてきたことなどを改めて検討することが振り返りの活動の1つです。具体的には，以下のようなことを考えます。これらはすべてこれまでの活動に対して行う振り返りです。

- どのような活動をどのように取り組んだのかを改めて言語化する
- それらの活動が成功した（失敗した）理由やきっかけはなんだったのか検討する
- それらの活動を通して自身はどのようなスキルを身につけ，知識を獲得したのかを考える

では，2つ目はどのような活動でしょうか。これは，先の定義の2文目にあたる，これからの活動を考えることです。過去の活動に対する振り返りを通して，できるようになったこと（定義では「認知的技能」と表現されています）や獲得した知識を活用しながら，みなさん自身が新たな活動をデザインします。これらの活動のデザインは，以下のようなことを検討することが含まれます。これらの活動は，未来に向けての振り返りです。

- ○○ができるようになったので，次は ×× に挑戦しよう
- 今回，失敗した要因は○○なので，次は ×× を行うことでよりよい活動にしよう

このように振り返りには「これまでの活動」と「これからの活動」を対象にした活動が含まれます。自身が何に取り組み，どのように成長したのかをしっかりと検討することはもちろん，成長した自身が次に何の活動にどのように取り組むかを検討することまでが「振り返り」の活動です。

## (2) 大学授業における「振り返り」

ここまで「振り返り」の定義を概観しました。ここからは大学での授業に当てはめて考えてみます。振り返りでは「これまでの活動」と「これからの活動」を対象に考えることがポイントでした。そこで，授業を受け終わった後の自分の立ち位置で考えてみましょう。図9−1の大きな丸で囲まれた部分を見てください。丸の中には，「授業前の自分」と「授業後の自分」がいます。授業前

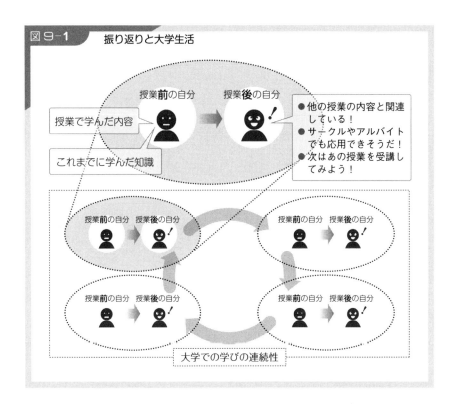

図9-1　振り返りと大学生活

授業で学んだ内容

これまでに学んだ知識

授業**前**の自分　　授業**後**の自分

● 他の授業の内容と関連している！
● サークルやアルバイトでも応用できそうだ！
● 次はあの授業を受講してみよう！

授業**前**の自分　授業**後**の自分

授業**前**の自分　授業**後**の自分

授業**前**の自分　授業**後**の自分

授業**前**の自分　授業**後**の自分

大学での学びの連続性

　の自分に対して授業**後**の自分は，これまでに学んだ知識と授業で学んだ内容を関連づけて振り返りながら「他の科目との関連」や「サークルやアルバイトなどの活動での応用」，「次に受講する科目」などの未来の活動に対する振り返りを行っています。こういった活動は１つひとつの授業で非常に重要な活動です。

　しかし，大学の学びはこれで終わりではありません。ある時点での授業**後**の自分は，次のタイミングでは授業**前**の自分になり，その授業が終わると授業**後**の自分……と繰り返されます。この大学の学びは，１つひとつ途切れたものではなく連続し相互に関連したものです。このような活動を繰り返すことで，大学生活を通した成長につながります。

　また，授業**前**の自分の「これまでに学んだ知識」を踏まえて考えることも非常に重要です。みなさんのクラスメイトは，同じ大学に入った同世代の仲間です。一方で，学部・学科や出身高校はもちろん，これまで経験してきたことや

興味のあることもまったく異なります。 課題 では，同じ授業を受けてきたのにもかかわらず，みなさん「成長したと感じたこと」や「その理由・根拠」はそれぞれまったく異なる内容を書いてきたはずです。

　そして，これこそが「これまでに学んだ知識」を踏まえることの重要性です。振り返りには明確な正解や教員の求める模範解答はありません。みなさん自身が，歩んできたキャリアや背景に応じて検討することが求められます。もちろん，大学の授業ですから授業を通して身につけてほしい最低限のスキル・知識はあります。一方で，

　　● なぜそのスキル・知識が重要だと思ったのか

　　● そのスキルや知識を活かしてどのようなキャリアを歩みたいか

などは，みなさん個人で意味づける必要があります。すなわち，振り返りはみなさん自身のために行う活動です。このように振り返りとはみなさん自身の大学生活にとって非常に重要な活動です。また，みなさん自身の経験や感じたことを踏まえて，しっかりと丁寧に検討し考えていくことが重要です。

(3)　 活動 ：「振り返り」をしよう

　ここからは，みなさん自身がこの授業を振り返り，半期の授業を通して何を学んだのか，どのようなことが課題として残ったのか，それを踏まえて今後どのように学んでいけばよいか検討します。具体的には授業中にペアで取り組む 活動 と個人で取り組む 事後活動 で構成されます。なぜ，このような構成になっているのかを簡単に解説します。

　その理由として，冒頭でも述べた「振り返り」が非常に高度なスキルであることが挙げられます。振り返りを促進するためには，他者の指摘や意見が非常に重要です。学んだ内容を整理し言語化する学習ポートフォリオという活動において，Zubizarreta（2009）は，「振り返り」は「根拠資料」と「他者とのコラボレーション」の相互作用が重要であるとしています。これは，振り返りを行うためには，単に個人で考えるだけでは限界があるということです。すなわち，これまで提出してきた課題の内容などの「根拠資料」を見返しながら，学んだ内容を言語化し「他者」に話したり，それに対してコメントや指摘を受けたりすることが振り返りを促進することを示しています。

図9-2　ふせんの書き方

レポートを
書くスキル

a. 抽象度が高い

引用のスキル

b. a よりは具体的だがまだ細分化可能

参考文献を漏れなく
丁寧に書くこと

剽窃にならない
適当な引用

引用（根拠）から
自身の主張を導く

c. b を細分化した事例

　このような背景を踏まえて，授業中はペアで，身についたスキル・知識など
を検討します。以下の流れに沿って進めていきましょう。

　①　この授業で身についたスキル・知識，重要だと考えたこと
　みなさんの手元に，ここまでの授業の「到達目標」と授業中に取り組んだ「活
動」が書かれた資料を配付します。まずは，配付資料に目を通してみましょう。
「この回は難しかったな……」「あの活動は苦労したな……」「この回の内容が
レポートをよりよくしたな！」などのさまざまな感情や考えが浮かんでいると
思います。ここでは，授業の内容やそのとき感じたことなどを思い出しながら，
「この授業で身についたスキル・知識」や「重要だと考えたこと」などを抜き
出してみましょう。
　1つのふせんに1つの内容を書いてください。配付された資料から抜き出し
てもかまいませんし，印象に残っていることなどを書いてもかまいません。第
1節でも述べた通り，具体的かつ簡潔に書くことがポイントです。たとえばa
のように「レポートを書くスキル」は非常に抽象度が高いです。他にも b の
「引用のスキル」だとしても，引用には細かいルールや参考文献の書き方など
があり，細分化が可能です。できるだけ細分化して具体的に書くようにしま
しょう（図9-2）。

## ② ペアで共有する

①で作成したふせんをペアで共有しましょう。このときに，ふせんを渡すだけにならないようにしましょう。ふせんを相手に見せながら，なぜその内容を書いたのか根拠や理由をしっかりと説明するようにしましょう。

## ③ 整理する

共有が終わったら，ふせんの内容を整理します。ペアで1枚ずつ大きめの紙を渡されます。そこにふせんを貼りながら，(1)似ている内容のふせん同士を近くに貼り，(2)まとまりに名前をつけてください。この名前をつける活動を，上位概念を検討するといいます。

たとえば，図9-3を見てください。dは引用に関する内容をまとめました。そのため，名前（上位概念）を「引用を正しく行うスキル」としています。一方で，整理する活動にはさまざまな解釈があります。たとえば，eを見てください。d同様に「引用（根拠）から自身の主張を導く」が含まれます。これは，引用に関するスキルでもありますが，自身の主張を論理的にする方法の1つでもあります。そのため，eは「論理的に考え表現する」という観点で整理しました。

このように，同じふせんでもいくつかの解釈が含まれます。どのように解釈をするか，どのように整理すれば，この授業で身につけたスキル・知識を表現することができるかをペアで丁寧に検討しながら整理してみましょう。

## ④ 発 表 会

③で整理した内容を，他の学生に発表をします。発表は2セッション実施します。1回目のセッションではペアの1人が「発表者」，もう1人が別の学生の発表を聞く「聞き手」になります。2回目のセッションでは役割を入れ替えて実施します。すなわち，2セッションで「発表者」と「聞き手」のいずれも担当するので，ペアでしっかりと発表できるように準備してください。

発表では，とくに重要だと考えていること，まとめるときに工夫したことを含めてください。ふせんの内容を読み上げるだけにならないように工夫しましょう。

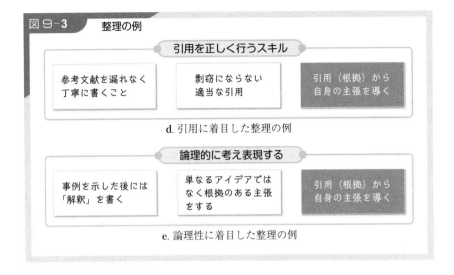

図9-3　　整理の例

引用を正しく行うスキル

| 参考文献を漏れなく<br>丁寧に書くこと | 剽窃にならない<br>適当な引用 | 引用（根拠）から<br>自身の主張を導く |

d. 引用に着目した整理の例

論理的に考え表現する

| 事例を示した後には<br>「解釈」を書く | 単なるアイデアでは<br>なく根拠のある主張<br>をする | 引用（根拠）から<br>自身の主張を導く |

e. 論理性に着目した整理の例

　ここまで、①〜④までの演習を行いました。これまでの活動でこの授業で扱ったスキル・知識をしっかりと思い出したり検討したりできたと思います。また、作業や発表を通して、それらのスキル・知識などに対して、みなさん自身が「これは確かに習得できた！」「これは不足していたな……」「自分たちのペアでは抜けていたけど、確かにこの観点も重要だ……」などのいろいろな考えや感情がある状態だと思います。

　事後学習では、そのような考えや感情を使いながら、自分自身がどのように授業に取り組んだのかを振り返ります。事後学習は単なる復習にとどまりません。事後学習までが振り返りを行う活動です。最後までしっかり、丁寧に取り組んでみましょう！

# 3
## 本章のまとめ

　本章では、振り返りの定義や大学の授業において振り返りを行うことの意味などを概観し、この授業全体を通した「振り返り」の演習に取り組みました。

しかし，授業の振り返りはこれで終わりではありません。先述した通り，事後学習も含めて振り返りの活動です。

　これらの活動の先に，他の授業や大学生活，キャリアを見据え，みなさん自身がどのように学び，成長していきたいかといったことが見えてくるはずです。長い視野でしっかりと成長できるように，振り返りを行っていきましょう。

# 4

## 事 後 学 習

### ⑴　第 1 回で設定した目標の到達度

　ワークシート📋1-9-2に取り組みましょう。まず，　事後活動　❶です。みなさんは，第 1 回の授業で「この授業を通して身につけたいスキル・知識」を検討しました。その目標にみなさんはどの程度近づけたでしょうか。設定した目標に対する到達度を以下の方法で記述してください。

▣ **自己評価点**：100 点満点で大学の成績評価を目安に採点します（例：A+：100～90，A：89～80，B：79～70，C：69～60，F：59～0）。うまく達成できなかったと感じた人は自己評価点を 59 点以下としてもよいです。また，厳密な採点を行う必要はありません。あくまで，自身が考える点数を記入してください。

▣ **自己評価点の理由・根拠**：なぜ「自己評価点」の点数をつけたのか，理由・根拠を明確に記入してください。

### ⑵　自己評価基準を自身で検討する

　次に，　事後活動　❷です。　事後活動　❶では，第 1 回の授業で設定した目標に対する自己評価を行いました。ここでは，何らかの評価基準をみなさん自身で設定して自己評価を行ってください。具体的には以下の内容を記入してください。

▣ **自己評価基準**：自身が努力したこと，もう一歩だと感じたことなど，授業で扱ったスキル・知識に関連した内容を設定してください。「授業に積極的に参加した」など

の授業形式，態度に関することではなく，「引用から自身の主張を導く」などのように，授業内容に関連した基準を設定しましょう。

■ **自己評価点：** 事後活動 ❶ と同様です。低い点数をつけてもよいでしょう。
■ **自己評価基準・自己評価点の理由・根拠：** 概ね 事後活動 ❶ と同様ですが，なぜその自己評価基準を設定したのかも含めて記述してください。

### (3) 新たな目標の設定

最後に 事後活動 ❸ です。事後活動 ❶ と ❷ を踏まえて，これからの授業，大学生活で達成したい目標を新たに設定してください。また，なぜその目標を設定したのか理由を明確に記述してください。ここまで，レポートを書くスキルについて扱ってきました。レポートをはじめとした論理的な文章を書くスキルは大学生活では必須のスキルです。これからの大学生活を見据えて，レポートを書く，論理的な文章を書くことに関連した目標を設定しましょう。

# 5
## 発展的学習

　改めて振り返りという活動そのものを考え，実際に振り返ってみると，自身の学びの特徴や強み，弱みに気づくことができたのではないでしょうか。学びや経験はみなさんそれぞれまったく異なります。自分自身にあった学び方や授業の受講の仕方，学外での学びの計画を改めて立ててみましょう。

　自身の学びを振り返るうえで，関連する書籍を紹介します。いずれも，自身がいかに学ぶのか？ 自身の学びにはどのような特徴があるのか？ といったことを考えるヒントを与えてくれる書籍です。

さらに学びたい人への文献案内

**ドゥエック，キャロル・S** (2016)『マインドセット「やればできる！」の研究』
今西康子訳，草思社.

**市川伸一**（2001）『学ぶ意欲の心理学』PHP 研究所（PHP 新書）.

## 本章の参考文献

三宅なほみ・白水始（2002）「内省」日本認知科学会編『認知科学辞典』p. 626：共
立出版.

**Zubizarreta, John**（2009）*The Learning Portfolio : Reflective Practice for Improving Student Learning.* CA: Jossey-Bass.

第 II 部

グループ・
プレゼンテーション

第 **10** 章

プレゼンテーションの
構成を検討する

## テーマの概要

　本章では，学術的な研究成果について，口頭で発表するプレゼンテーション（以降，「プレゼン」とする）の構成について学びます。

　大学での学術的なプレゼンでは，みなさんが行った研究の学問的成果を聴衆に伝えることが最大の目的になります。ということは，まず自分の研究テーマについてきちんと研究を行うことが大切です。研究自体がおろそかでは，プレゼンの技術だけ上達しても，その中身は空虚なものになってしまいます。

　それと同時に，せっかく時間と労力をかけて素晴らしい研究成果を生み出したとしても，その成果を正確に，かつ，多くの人に伝えられないのは残念なことです。研究成果がきちんと伝われば，聴衆との間に議論が生まれます。聴衆がみなさんの研究成果から学ぶことができるのと同時に，みなさんも聴衆との議論から次の研究へ向けたヒントを得ることができるでしょう。研究とプレゼンはセットといってよいと思います。その意味でプレゼンの知識や技術をきちんと習得することは，非常に重要です。そして，自身の研究成果を正確に伝えるためには，プレゼンをどのように組み立てるのか，つまりプレゼンの構成を考えなくてはなりません。

　本章では，適切に設定された研究テーマに基づいてある程度まで研究が進められ，結論を導くための前提となる仮説の設定や，それに基づいた仮の結論ぐらいまでは

明らかになりつつあるという段階を想定して，学術的なプレゼンの構成について学んでいきます。

<br>

### 本章の達成目標

☐ 学術的なプレゼンの意義や目的を理解する。

☐ 伝達すべき研究成果の内容に合った，適切なプレゼンの構成を考えることができる。

☐ プレゼンで述べるべきこと，述べるべきではないことは何かを知り，それを踏まえたプレゼンを行うことができる。

# 1
## 事 前 学 習

### (1) そもそもプレゼンとは何だろう

　プレゼンと聞くと，みなさんはどんなものをイメージするでしょうか。人によっては，受賞講演のように，選ばれた人が特別な機会に行う発表をイメージするかもしれません。あるいは，何かの仕事で，新たな企画案を顧客に提案し，契約を勝ち取るような場面を想像する人もいるでしょう。

　しかし，現実には，私たちはさまざまな場面でプレゼンを行っています。たとえば，初対面の人に対して行う自己紹介。これも1つのプレゼンです。授業で自分の考えたことを発表するのもそうです。つまり，プレゼンは決して特別なものではありません。人前で自分の考えを発表することは，規模の大小を問わず，すべてプレゼンということができます。

　プレゼンの目的は，「紹介」「発表」「報告」や「提案」などといった「説明」が主体ですが，本来の意味は，自分にとって有利な結果を導くために相手を

「説得」することです（上村・内田 2008）。つまり，プレゼンには「説明」と「説得」の側面があります。先の2つの場面でいえば，受賞講演の例は「説明」に，企画案の例は「説得」に重点が置かれています。大学の授業やゼミなどで行われている研究発表は「説明」型といえます。

## ⑵　伝わるプレゼン

　このように考えると，みなさんはこれまでに，さまざまなプレゼンを見てきたはずです。印象に残ったプレゼンもあれば，終わってみれば，「結局何が言いたかったのかよくわからなかった」というプレゼンもあったでしょう。これらの間にはどんな違いがあるのでしょうか。

　印象に残ったプレゼンは，内容がよく伝わったプレゼンと言い換えることができます。逆に，よくわからなかったプレゼンは，内容が伝わらなかったプレゼンと言い換えられます。これまでに見てきたプレゼンを思い出してみてください[1]。理解しやすかったプレゼンは，伝えたい要点が明確であることが多いでしょう。逆に，「結局何が言いたいのかよくわからなかった」というプレゼンは，内容が盛りだくさんで詰め込みすぎというようなものだったかもしれません。

　プレゼンのわかりやすさを決める要因は，（第11章以降で扱う）プレゼン資料や話す内容，そして振る舞いなどたくさんあります。しかし，一番重要なことは，プレゼンを行う側が聴き手に対して，自身が伝えたいことをきちんと示すことです。当たり前の話ですが，最も伝えたいことをプレゼンする側が理解していなくては，それを聴き手に示すことはできません。そして，それが決まったら今度はプレゼンの構成です。自身が伝えたいことを，どのような組み立て（順番）で説明すれば伝わるのかを考えなくてはなりません。構成を考えず，ただ思いついたままの順番で説明しても，聞き手にとってはただただ退屈で苦痛なプレゼンと思うはずです。

---

1　改まったプレゼンでなくてもかまいません。大学の授業も1つのプレゼンです。内容がよく理解できた授業と，そうでない授業ではどのような違いがあったでしょうか。

(3) 　課題：お国自慢をしてみよう

　初めて自分の地元に来た友達にその魅力と特徴を紹介するプレゼンを考えてください。一番知ってもらいたいポイントは何かを決め，それをわかってもらうためには，どのような順番で説明するのが効果的なのかを考えてみましょう。ワークシート📝Ⅱ-10-1に沿って記述し，制限時間に合ったプレゼンになるように考えてください。

# 2
## 授　業

(1) 　活動❶：　課題　の共有

　課題で考えてきたプレゼンを，ペアやグループで発表してください。発表が終わったら，プレゼンの印象のほか，あらかじめ考えた「一番知ってもらいたいポイント」がきちんと伝わったかどうか，確認してください。

　内容がよくわかったと感じたのは，どのような説明の仕方だったのか，その特徴を話し合ってみてください。

(2) 　導入：テイクホームメッセージを考える

　前節では，プレゼンを準備するにあたっては，あらかじめそのプレゼンで「最も伝えたいこと」は何かを考える必要があることを学びました。この「最

も伝えたいこと」は，聴き手がプレゼンを聴き終えて自分の家に帰り，改めてあなたのプレゼンについて思い起こしたとき，真っ先に頭に浮かぶ事柄と言い換えてもいいでしょう。しばしばこれをテイクホームメッセージ（take-home message，家に持ち帰ってほしいメッセージ）といいます[2]。

　通常，1つのプレゼンにおいてテイクホームメッセージは1つです。プレゼンの長さにもよりますが，多くても2つまでと考えてください。プレゼンは，レポートなどといった書かれたものと異なり，何度も見返すことができません。1人のプレゼンから3つも4つも情報を持ち帰ることは難しいのです。プレゼンの結論が多ければ，それこそ聴き手は「何が言いたかったのかよくわからなかった」となってしまいます。このプレゼンから，こういうことを学んだと一言で言えるようなプレゼンを目指しましょう。

　では，どのようなものをテイクホームメッセージに当てはめたらよいでしょうか。自己紹介であれば，それを聞く人たちに自分の何を知ってもらいたいかを考えますよね。それが自己紹介におけるテイクホームメッセージです。新たな企画の提案の場合は，「どこが今までになく顧客にとって有利な企画なのか」という点がテイクホームメッセージになり得ます。研究発表の場であれば，先行研究では解明されていなかったことについて，自分が行った調査によって明らかにすることができたとすれば，それが自分の研究の「結論」となり，「これだけはぜひとも伝えたい」と感じるものになることでしょう。

　たとえば，何らかの対象を何らかの方法で調べた結果，新たにわかったことがあるといった，事実を究明するような研究の場合，そのテイクホームメッセージとしては，「〜について〜という方法で調べた結果，〜ということがわかった」のように表現することができます。また，何らかの対象を調べて，問題を発見し，その解決策を開発したり提案したりするといったような場合は，「〜を調べた結果，〜という問題を発見したので，その解決策として〜という方法を提案する」といったテイクホームメッセージを示すことができそうです。

　そして，このようにテイクホームメッセージを決めることで，初めてプレゼ

---

2　類似の表現として key takeaway という場合もあります。

ンの構成を考えることができるようになります。

### (3) プレゼンの基本的構成

プレゼンでは，しばしば以下のような構成が用いられます。

① 序論・本論・結論（尾括型）

② 結論・本論（頭括型）

③ 結論 A・本論・結論 B（双括型）

分野にもよりますが，研究発表でもっとも広く用いられてきたのが，①尾括型です。そして，この構成はレポートを執筆する場合などでも用いられています（詳しくは第20章を読んでください）。②の頭括型はビジネス場面の，とくに提案型で使われることが多い構成です。それでは，学術的なプレゼンにふさわしい構成はどのようなものでしょうか。本章では③の双括型をお勧めします。

　一般的に，聴き手がプレゼンの中で最も聴きたいことは結論です。最初に結論を述べないままだと，聴き手は「このプレゼンは何を目指して行われているのだろう」と不安になりかねません。結論を最初に述べれば，それ以後の説明はすべて結論へ結びつくものとしてとらえてもらえます。また，最初に結論を述べておかないと，聴衆が途中で関心を失ってしまう危険性もあります。加えて，人間は話の最初を一番注意深く聴く傾向があります。

　さらに，③双括型に従った構成なら，一番大切な結論を2回述べることができます。加えて最後の結論部分では，最初に述べた結論を違う角度から説明し直すことによって，より一層説得力を増すこともねらうことができます。

### (4) 双括型プレゼンの各パーツで述べるべきこと

### ① 結論 A（導入）

プレゼンの一番最初，すなわち導入部分では，次のような要素が必要になります。

【❶ 聴衆の関心を引きつけるような「つかみ」】

プレゼン会場に来ている聴衆に対して，プレゼンの最初に「このプレゼンは興味深いぞ」と思ってもらえるような研究上のエピソードなどがあれば，それ

をプレゼンのオープニングにしましょう。

**【❷ このプレゼンの全体像（研究テーマとテイクホームメッセージ）】**

❶ で示したエピソードなどと関連づけながら，このプレゼンの全体像を示します。具体的には，扱った研究テーマとテイクホームメッセージ，すなわち結論です。プレゼンには時間制限があるのが一般的ですので，テイクホームメッセージをここで述べておけば，万一，時間が足りなくなってしまっても，一番伝えたいことはすでに述べたことになります。

テイクホームメッセージ自体が聴衆にとって意外なものであったり，学術的意義がきわめて大きなものであれば，❶ と ❷ は一緒にしてもよいでしょう。

**【❸ このプレゼンの目次】**

目次はすべてのプレゼンに必要なわけではありませんが，聴き手にどのようなプレゼンなのかをあらかじめ知っておいてもらうことで，内容が理解しやすくなります。とくに，40分とか1時間などの長いプレゼンであれば，目次があることで，章ごとに区切ることができ，長いプレゼンも内容ごとに分割して伝えることができます。

② **本論（ボディ，本題）**

本論部分で必要となるのは，(1)設定したテイクホームメッセージを導くために明らかにしていかなければならない「問い」を示し，(2)その「問い」1つひとつについて，研究に基づいた「答え」を与えていくことです。そして，(3)それらの「答え」を1本の糸になるように撚り合わせていくようなイメージでテイクホームメッセージへと導いていきます。

ここで重要なのは，(3)の段階においてどのような順番でそれぞれの「問い」の「答え」を説明すればより説得的なものとなるか，という点を十分に検討することです。たとえば，X という「答え」を理解するためには，前提として Y について理解することができていなければならない，という場合には，Y → X という順番で説明するのが自然でしょう。

③ 結論 B（クロージング，まとめ）

　結論 B では，研究テーマ全体について解明したまとめとしてのテイクホームメッセージを述べます。テイクホームメッセージについてはすでに①結論 A で述べてありますから，ここでは，②本論の部分で述べたことを活用して，より一層聴衆を説得できるような形で説明することが求められます。

(5)　活動 ❷：テイクホームメッセージを考える

　取り組んでいる研究について，今の段階での結論であるテイクホームメッセージは何かを想定し，それをワークシート📄 Ⅱ-10-2 に記入しましょう。考えた結果をグループやペアで話し合ってください。とくに，テイクホームメッセージに関する論理が，聴衆を納得させ得るものになっているか（示した根拠がテイクホームメッセージの正しさを証明するものになっているか），また，論理として足りない点や誤っている点はないか，といったことを確認しておきましょう。これがあなたのプレゼンの「核」になります。

(6)　活動 ❸：プレゼンの構成を考える

　(5)で検討した「核」に「肉づけ」を行い，ワークシート📄 Ⅱ-10-3 に記入しましょう。具体的には，現段階における自分の研究の進捗状況を思い起こしながら，そこで得られたことをできるところから付け加えていきます。ペアやグループで話し合いながら，結論 A，本論，結論 B のそれぞれに何が当てはまるか考えてみてください。現時点では研究自体が最後まで終わっていない場合もあるでしょうから，すべての項目を埋められなくてもかまいません。逆にいえば，ここで埋められなかった項目や，論理的に構成できなかった部分については，さらに研究を深める必要があるということになります。今後何をしなくてはいけないか，何を調べる必要があるかといったことが見えてくると思います。

# 3
## 本章のまとめ

　本章の学習によって，プレゼンの構成に関する知識を得ることはできたと思います。しかし知識があっても，実際に適切な構成を組み立てることがすぐにできるわけではありません。研究の進捗に合わせて，得られた成果をメモにどんどん書きためていき，それらを並べ替えたり階層的に組み立てたりする作業をしてみてください。それらの作業を行う際には，本章の内容を参照し，自分が考えているものが適切な構成に徐々に近づいていっているかを検証してください。

# 4
## 事 後 学 習

　第2節(6)で行った 活動 ❸ の結果をもとにして，必要な研究をさらに進めます。ペアやグループの学生と話し合いながら，研究の成果を踏まえてプレゼンの構成案をブラッシュアップしましょう。

# 5
## 発展的学習

　本章では，プレゼンをまとめるにあたって，「結論A →本論→結論B」という双括型のプレゼンの構成について説明し，それに基づいた作業を行ってきました。ただ，プレゼンの構成については他のやり方もあります。ここでは次の3つについて概略を示しておきますので，これらについても図書館の文献などを参考にしながら，検討してみましょう。

### ① IMRaD 法

自然科学の分野でよく用いられるプレゼンの構成です。序論（Introduction）→材料と方法（Materials and Methods）→結果と考察（Results and Discussion）→結論（Conclusion）といった順に説明されます。とくに実験などを行う研究の場合には，材料と方法（Materials and Methods）の部分でその詳細を説明し，その結果と考察（Results and Discussion）を踏まえて結論（Conclusion）を明らかにすることになり，結論の根拠を明確に示すことができます。

### ② SDS 法

要点（Summary）→詳細（Details）→要点（Summary）の順で構成されるものです。聴衆にとってはシンプルでわかりやすいという特長があり，また，要点（Summary）を最初と最後の2回にわたって説明できるので，重要な部分を記憶に残しやすいといった長所ももっています。

### ③ PREP 法

要点（Point）→理由（Reason）→具体例（Example）→要点（Point）の順で説明します。要点（Point）の説明を2回行うので記憶に残りやすいという点ではSDS法に似ています。加えて，理由（Reason）を述べた後に，その具体例（Example）についても話すので，聴衆にとっては内容をイメージしやすく，より説得力のあるものとなります。

---

さらに学びたい人への文献案内

**慶應義塾大学教養研究センター**監修・**大出敦**編・**直江健介**（2020）『プレゼンテーション入門——学生のためのプレゼン上達術』慶應義塾大学出版会（アカデミック・スキルズ）.

**倉島保美**（2014）『論理が伝わる世界標準の「プレゼン術」——一生モノの「説得技法」』講談社（ブルーバックス）.

**諏訪邦夫**（1995）『発表の技法——計画の立て方からパソコン利用法まで』講談社（ブルーバックス）.

 **木章の参考文献**

上村和美・内田充美（2008）『プラクティカル・プレゼンテーション』くろしお出版.

## プレゼンで述べてはならないこと

　学生によるプレゼンを見ていると，まとめの部分で，それまでまったく登場しなかった話題が突然登場する，ということがよくあります。まとめの部分は，導入と本題で述べたことをもとに，テイクホームメッセージを述べるパーツです。したがって，今後の課題について述べる場合を除けば，新しい話題がここで登場することはありません。

　学生のプレゼンでよく見られる「まとめで登場してはいけない新しい話題」は，①決意，②意識，③教育です。①は「○○問題解決のために私（たち）もこれから頑張りたい」，②は「○○問題解決のためには人々の意識を高めることが重要だ」，③は「○○問題解決のためには学校で教育することが必要だ」といったようなものです。

　学術的なプレゼンでは，聴衆はあなたの研究とその成果に対する関心はもっていますが，あなたの①決意に関心はありません。なにより，あなたの決意自体は学問でもなんでもありません。また，人々の②意識については，それを調べるのは大変難しく，それを高める方法を解明するのもきわめて困難です。しかも，意識が高まれば問題が解決するかどうかについても，簡単にはわかりません。③教育については，現時点で学校で教えるべきとされていることをきちんと教えるだけでも時間が足りないといわれるぐらいです。あなたが「学校で教育することが必要だ」と考えることを新たに教えることができるようにするためには，現時点で教えていることを何か削らなければなりませんが，そこで何を削るのかということ自体が大きな議論になるでしょう。加えて②と同様に，学校で教育すれば問題が解決するかどうかも証明することは困難です。

　綿密な研究をしないままに何かを結論づけるのは，大学のプレゼンでは禁忌です。学術的なプレゼンは感覚や感情や思いつきで行うものではありません。[1]

---

1　①決意についてはともかく，人々の②意識や，あるいは③教育については，それ自体を研究テーマとすることがありうると思います。そのような場合には②意識や③教育についてプレゼンで述べることになりますが，この場合でも，それは綿密な研究に基づくものであることが必要です。

第 **11** 章

## プレゼンテーションの構成に沿った
## 適切な資料を作成する

### テーマの概要

　本章では，プレゼンテーション（以降，「プレゼン」とする）で用いる資料の意義を考えるとともに，作成にあたっての注意点を述べていきます。

　プレゼンを構成する要素は，大きく分けて以下の3つです。

　　① プレゼンを行う人の話（トーク）

　　② 提示資料（黒板やホワイトボード，スライドやポスター，模型等）

　　③ 配付資料（レジュメやハンドアウト等）

　プレゼンの準備というと，ともすれば見栄えのするスライドやポスターを作ることに目が向きがちです。しかし，それは本質ではありません。プレゼンにおける主役は，あくまでもプレゼンを行う人の話（トーク）です。スライドが主役だというなら，そのファイルだけを渡せばすむわけです。大事なことは「カッコいいスライド」ではなく，自分の考えを誤解されないように伝える技術です。トークだけでは聴いている人たちもイメージしにくかったり，記憶にも残りにくかったりします。それを視覚的に補助するのがスライドのような提示資料やレジュメのような配付資料の役割ということです。なお，本章では調査や研究の成果について，スライドを用いての報告を想定した資料の作成について扱います。

## 本章の達成目標

☐ プレゼン資料を作成するうえでの基本的なポイントを理解する。

☐ プレゼンの構成に沿った，適切な資料を作成することができる。

# 1
## 事 前 学 習

### (1) 資料を作り始める前に

　プレゼン用の資料を作る前に，考えておくべきことがあります。プレゼンをすることになると，多くの人がどんなスライドを作ろうかと考えます。

　でも，ちょっとだけ待ってください。

　そのスライドを使う場面はどんな環境ですか？　そのことを考えないでスライドを作り始めると，期待した効果が得られなかったりするばかりか，使いものにならない可能性すらあります。こうした事態を避けるためにも，最低限自分がプレゼンを行う会場の環境についてチェックしておきましょう。たとえば，部屋の広さとスクリーンの大きさ（画面の広さ）です。部屋の奥行きが長ければ，文字の大きさをいつもより大きくする必要があります。部屋の明るさはどうでしょうか。暗い部屋であれば，画面が明るすぎると聴衆はまぶしくて直視できないこともあります。途中で説明に使う予定の配付資料を誰も読めないかもしれません。逆に，想定より明るすぎるとコントラストが問題となります。音声を流すことを考えているなら，音響設備の有無やその性能も知っておく必要があります。直前に慌てて手直しをしなくてすむように，確認できることは事前にしておく習慣をつけることで，最大限の効果が発揮できるはずです。

## ⑵ 用意するスライドはどのくらい必要か

　プレゼン資料を用意するうえでのよくある疑問に「スライドの適正枚数は何枚なのか？」というものがあります。もちろん，プレゼンの内容や対象によって適正な枚数は変わってきますし，規定の時間内できちんと相手に伝わるのであれば何枚でもかまわないわけです。とはいえ，言っておきたいことをすべて盛り込んでみた結果，膨大な枚数になったというのでは，発表時間で収まらなくなったということにもなりかねません。初めてプレゼンの資料を作成することになったら，どういった時間配分で何枚くらいのスライドを用意したらよいか不安になる人もいるでしょう。

　目安としては，発表時間が10分以内といった短い時間の発表ならば，1枚のスライドは30秒から1分間くらいです。20分以上と時間に余裕がある場合なら，1枚あたり2分間くらいで，長くても4分間程度にしておくとよいでしょう。あまりに短時間でスライドを切り替えると，理解が追いつかず，忙しい印象を与えますし，同じスライドばかりを見続けさせられると，視覚的に飽きてしまいかねません。もちろん，表紙のようなスライドであれば，もっと短くてもかまいませんし，動画を盛り込んだものなどは長くてもかまいません。

## ⑶ 構成に合わせてスライドを並べる

　第10章では，プレゼンの論理的な構成を学びました。当然のことですが，プレゼンの資料でも重要なことはその論理性です。通常，プレゼンは，スライドショーの形で行われることがほとんどです。1枚1枚のスライドで話をつないでいくため，どうしても情報が断片的になりがちです。そこで重要なのが，自分の考えた論理構成をスライドなどプレゼンの資料に反映させることです。その構成を反映させ，スライド内や前後のスライドが論理的につながっていることが求められます。どれだけ考えた構成があっても，情報をただ並べただけでは，論理的な資料にはなりません。情報を正しくつなぐことができて初めて，論理構成が再現できるようになります。離れているスライド同士でも，論理的につながっていることが重要です。本章の終わりに第10章で取り上げられた双括型構成のスライド例を示しています（図11-**3**）。

(4) 　課題 ：基本のタイトルと締めの一文

　発表の構成と必要なスライドの枚数が決まれば，早速，必要な枚数のスライ
ドを準備してしまいましょう。最初のスライドは表紙です。そして，各スライ
ドにタイトルを書き込みながら，それぞれにどんな内容を書くのかを決めてい
きます。もちろん最初は大まかなものでかまいません。実際に，スライドに起
こすと，作ろうとしているプレゼンが，より具体的になってくるはずです。

　基本は，各スライドのタイトルをできるだけ具体的な文の形で書くことで
す。タイトルが，「背景」や「結果」のみになっているスライドも見かけます
が，内容に踏み込んだ文の形で書くことで，より伝わりやすくなります。また，
タイトルと合わせて，内容のまとめや解釈など，そのスライドで伝えたいこと
（たとえば，タイトルに書いたことの答え）を締めの1文として書いておきましょ
う。発表全体の論理性を見失わないように，次のスライドへの橋渡しとなる文
にするとよいでしょう。

　グループで取り組んでいる場合であれば，　ワークシート▧ Ⅱ-11-1 に書き
込んだものを持ち寄って検討してみてもよいでしょう。

# 2
## 授　業

(1) デザインは先に決めておく

　伝わるスライドには，統一感があります。基本的なデザインやレイアウトは
中身を作る前にあらかじめ決めておき，すべてのスライドで統一します。そう
することで，聴き手は混乱することなく安心して画面を見ていられますし，作
業の効率もよくなります。最低限，以下の項目については，最初の段階で決め
てしまい，統一しておきましょう。

- タイトルの大きさと位置
- 書体（ゴシック系が基本），サイズ（大きめに）
- 箇条書きの場合の1行の文字数（余裕をもって）
- 行間のサイズ（長い行ほど広めに）
- 色の使い方（色数は少なめのほうが印象に残る）
- ページ番号の入れ方
- 出典の示し方

ただし，スライドのデザインは，あくまでも情報を整理させることが目的です。見た目で聴き手を引きつけても，内容が伝わらなければ意味がありません。情報が整理されたスライドによって，話し手はよりスムーズに説明を進めることができます。

### (2) 情報を絞り込む

1枚のスライドに載せる内容はできるだけ少なくしましょう。1枚のスライドには，1つのトピックが基本です。

スライドは読みものではありません。**テーマの概要**でも触れましたが，スライドはあくまでもサポート役です。だからこそ，情報を絞り込んで，シンプルに作るべきです。読まなければ理解できないスライドは，聴き手にとって話し手の話（トーク）を聴く邪魔ですらあるわけで，むしろ逆効果でしょう。そして，スライドの情報が多いということは，必然的に文字や図が小さくなり，余白が切り詰められていきます。スライドは普通，遠くから眺められるものです。凝視しなくてはならないスライドは聴き手にとっても苦痛でしょう。多くの情報を伝えたいのであれば，スライド1枚に内容を詰め込むのではなく，複数のスライドに分ければよいのです。書き込んでいった結果，入りきらずに文字のサイズを小さくしなければならないようなときは，文を簡略化するか，スライドを分割するか検討してください。

### (3) 文字や図は大きめにする

スライドの文字や図は，どちらもできるだけ大きくしておきます。部屋の一番後ろの席に座っている聴き手でも十分に見える程度のサイズを意識しましょ

う。文字サイズが小さくて読めないと文句を言う人はいても，文字が大きすぎて困ると言う人はいません。文字のサイズに迷ったときは，大きいサイズを使えばよいのです。

### (4) レイアウト（余白と配置）を考慮する

スライドに載せる文や図などのレイアウトも考慮すべきことがあります。スライド内いっぱいに文字や図が入っていると読みにくく，場合によってはスクリーンからはみ出てしまうこともあります。スライドで使う文字のサイズが決まっていれば，1〜2文字分をスライドの周囲に余白として設けておくことで，確実に見やすいスライドになります。

また，文字や図は，揃えられるところはすべて揃えて配置します。図11-1に例を示しました。揃っていない状態と揃っている状態で，印象が大きく変わることがわかると思います。また，スライド内の文や図は，左揃えが基本です。

また，要素の距離は，直感的に関連性の強さ・弱さに働きかけます。つまり，同じグループのものは近づけ，そうでないものは離しておきます。図11-2を見てください。どちらが理解しやすいでしょうか。

### (5) グラフや表はそのまま使わない

行政文書などに掲載されている表やグラフは，データの特徴や分布などを解読するためのものです。手元でじっくりと精査する目的には適していますが，限られた時間，それも後戻りもできないその場限りのスライドで理解するには無理があります。たとえ出典を明示し，正しく引用したとしても，そのままコピーして画面に写すと，細かすぎるなど，すぐには理解できないものになりがちです。説明には含まれない不要なデータも多く，聴き手はどこを見ながら聴けばよいのか混乱しかねません。自分の説明したいポイントだけを抜き出して，新しいグラフや表に起こすことで，より伝わりやすくなるはずです。その場合でも，第8章で説明されているルールに従って出典を明記すれば，何も問題なく引用したとみなされます。

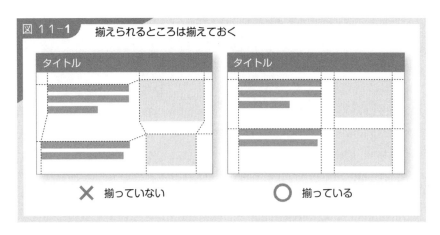

図11-1　揃えられるところは揃えておく

タイトル

✕　揃っていない　　　　○　揃っている

図11-2　関連のある項目同士は近づける

家畜ウシの2大系統

北方系ウシ（*Bos primigenius taurus*）：コブがない
インド系ウシ（*Bos primigenius indicus*）：コブがある

家畜ウシの2大系統

北方系ウシ（*Bos taurus*）：
コブがない

インド系ウシ（*Bos indicus*）：
コブがある

✕　近づけない　　　　○　近づける

## ⑹　配付資料を作成する

　配付資料は，レジュメあるいはハンドアウトと呼ばれるもので，口頭での発表を補完するために作成し，聴き手に配付する紙媒体の資料です（近年はデータでも配付する場合があります）。スライドや口頭では説明しきれないような詳しいデータなどがある場合に用いられます。また，学会発表のような研究発表の場では，事前に発表内容をまとめた講演要旨（抄録と呼ぶこともあります）の形でまとめ，事前に配付することもしばしばです。配付資料のメリットは，聴き手が手元でいつでも情報を参照できることにあります。

　最近は，よく配付資料としてスライドそのものを印刷して配付しています。

その場合，アニメーションや動画などは無効化されることや，印刷環境によっては，色が正しく印刷されなかったりするなどすべてが再現できない可能性があることには注意が必要です。

　配付資料を準備すべきかどうかの判断基準は，あくまでも聴き手にとってプレゼンが聞きやすくなるかどうかです。どのような目的で配付資料を準備するのかをよく考える必要があります。

(7)　活動 ❶：課題 の共有

　課題 について，プレゼンの構成と見比べながら，スライドが論理的につながっているか，グループやペアで意見を交換しましょう。グループでプレゼンを組み立てるのであれば，メンバーが持ち寄った案をもとに，グループの案を話し合いながら考えをまとめましょう。

(8)　活動 ❷：スライドのレイアウトを決める

　スライドの流れが決まったら，今度は各スライドのレイアウトを考えましょう。グラフや図表を使ったらどうかとか，どのスライドに配置するか，口頭での説明はどうするかなど，まずは ワークシート📝 Ⅱ-11-2 を利用しながら，書き込んでみてください。もちろん，その場でアプリケーションを立ち上げ，実際に当てはめながら考えてもよいと思います。また，グループで組み立てるのであれば，基本となるデザインについても話し合い，レイアウトやデザインを統一させる責任者を決めておくとよいでしょう。

# 3
## 本章のまとめ

　本章では，プレゼンの場面でより伝わりやすい資料について考えてきました。ソフトウェアの発達により，手軽に多彩な表現を行うことができるようになりました。だからといって，以前よりプレゼンがよくなったわけではなく，相変わらずわかりにくいプレゼンを見る機会が多いのも事実です。プレゼンは，スライドを作ることが目的ではなく，あくまでも伝えることが目的です。その意味では，しっかりした構成に基づいて，情報を絞り込んでシンプルに表現するのが近道です。派手さとか，スタイリッシュかどうかは二の次でしょう。ソフトウェアでできることが多くなった今だからこそ，逆に聴き手に対する配慮が必要なのかもしれません。

# 4
## 事 後 学 習

　授業で話し合ったことを踏まえ，スライドを作りましょう。グループで取り組んでいる場合は，それぞれが担当するスライドを分担してもよいでしょう。また，すべてのスライドで，デザインが統一されているか，必ず確認することも忘れないでください。グループ活動の場合は，インターネット上のクラウドスペースを活用するのも有効です。

# 5
## 発展的学習

　専門課程で行われている学会や研究会などに参加し，スライドなどの資料を見てみましょう。

SlideShare（https://www.slideshare.net/popular/language/ja/all-time）など，プレゼンの資料を共有しているウェブサイトがあります。必ずしも学術や研究のためのものばかりではありませんが，参考になるところも多いと思います。ただし，公開されているスライドは玉石混淆であることに留意してください。

---

📖 さらに学びたい人への文献案内

**加藤智也**（2015）『スライドデザインの心理学──一発で決まるプレゼン資料の作り方』翔泳社．

**ウィリアムズ，ロビン**（2016）『ノンデザイナーズ・デザインブック〔第4版〕』吉川典秀訳，マイナビ出版．

---

**図11-3** 双括型構成のスライド資料の例

---

**失敗しないカレーの作り方**

○△大学　初年次セミナー
チーム騎射場

1. 発表タイトル

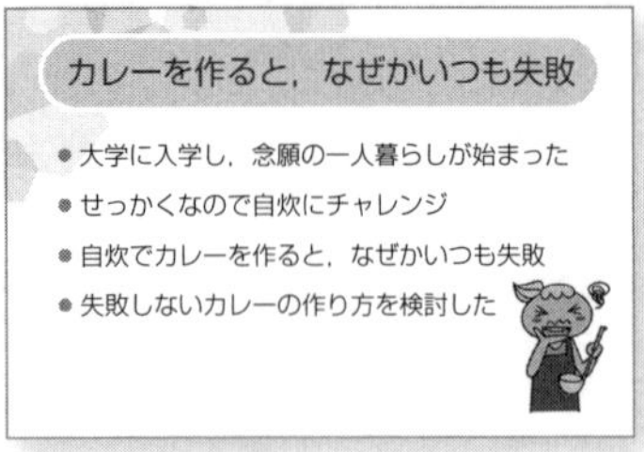

---

**カレーを作ると，なぜかいつも失敗**

- 大学に入学し，念願の一人暮らしが始まった
- せっかくなので自炊にチャレンジ
- 自炊でカレーを作ると，なぜかいつも失敗
- 失敗しないカレーの作り方を検討した

2. 導入（つかみ）

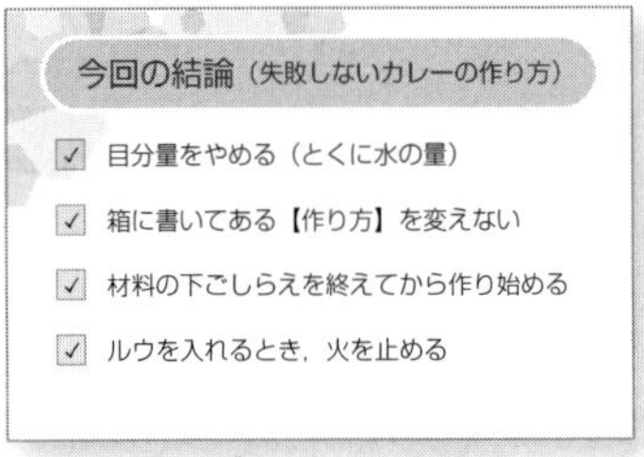

---

**今回の結論**（失敗しないカレーの作り方）

- ☑ 目分量をやめる（とくに水の量）
- ☑ 箱に書いてある【作り方】を変えない
- ☑ 材料の下ごしらえを終えてから作り始める
- ☑ ルウを入れるとき，火を止める

3. プレゼンの全体像
（研究テーマとテイクホームメッセージ）

---

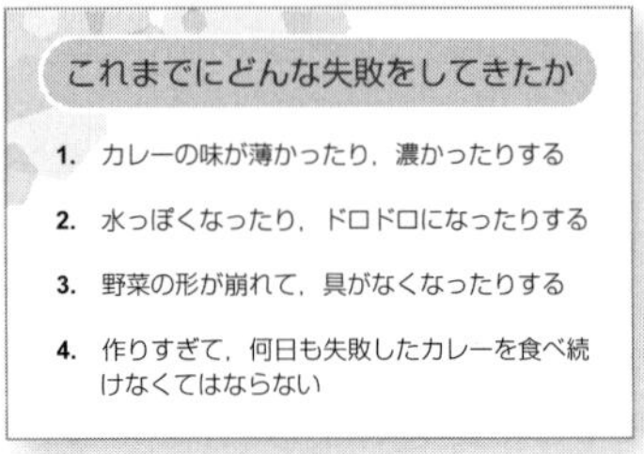

**これまでにどんな失敗をしてきたか**

1. カレーの味が薄かったり，濃かったりする
2. 水っぽくなったり，ドロドロになったりする
3. 野菜の形が崩れて，具がなくなったりする
4. 作りすぎて，何日も失敗したカレーを食べ続けなくてはならない

4. 本　論

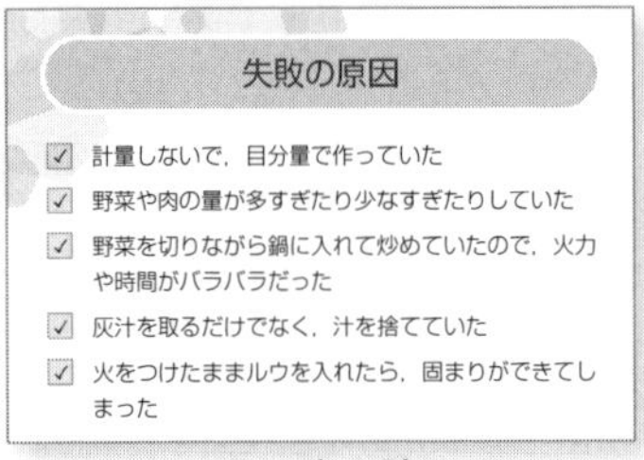

---

**失敗の原因**

- ☑ 計量しないで，目分量で作っていた
- ☑ 野菜や肉の量が多すぎたり少なすぎたりしていた
- ☑ 野菜を切りながら鍋に入れて炒めていたので，火力や時間がバラバラだった
- ☑ 灰汁を取るだけでなく，汁を捨てていた
- ☑ 火をつけたままルウを入れたら，固まりができてしまった

5. 本　論

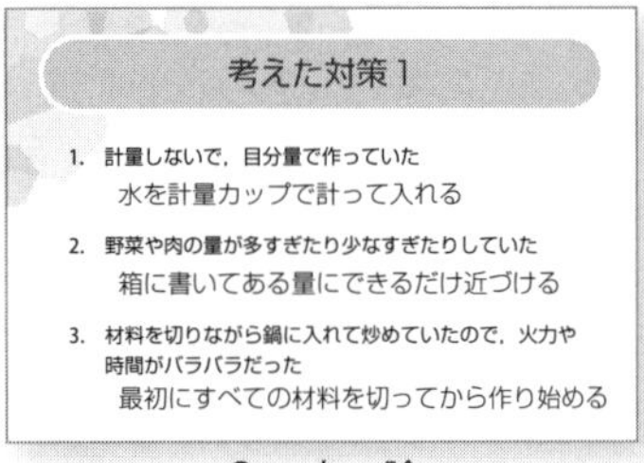

---

**考えた対策1**

1. 計量しないで，目分量で作っていた
   水を計量カップで計って入れる
2. 野菜や肉の量が多すぎたり少なすぎたりしていた
   箱に書いてある量にできるだけ近づける
3. 材料を切りながら鍋に入れて炒めていたので，火力や時間がバラバラだった
   最初にすべての材料を切ってから作り始める

6. 本　論

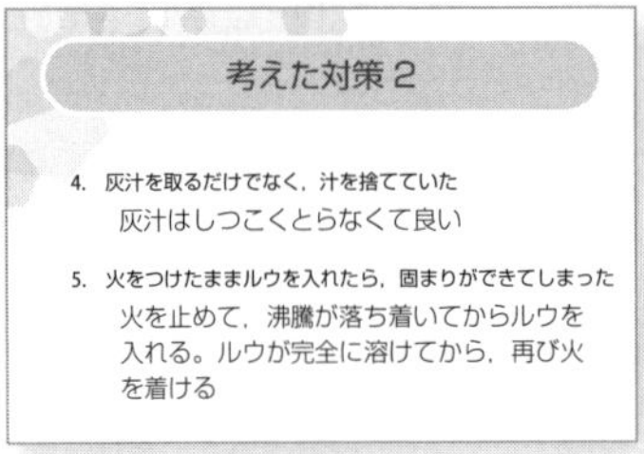

---

**考えた対策2**

4. 灰汁を取るだけでなく，汁を捨てていた
   灰汁はしつこくとらなくて良い
5. 火をつけたままルウを入れたら，固まりができてしまった
   火を止めて，沸騰が落ち着いてからルウを入れる。ルウが完全に溶けてから，再び火を着ける

7. 本　論

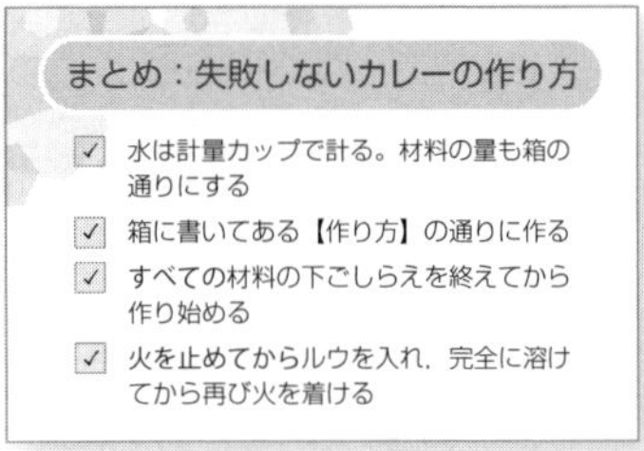

---

**まとめ：失敗しないカレーの作り方**

- ☑ 水は計量カップで計る。材料の量も箱の通りにする
- ☑ 箱に書いてある【作り方】の通りに作る
- ☑ すべての材料の下ごしらえを終えてから作り始める
- ☑ 火を止めてからルウを入れ，完全に溶けてから再び火を着ける

8. 結　論
（再びテイクホームメッセージ）

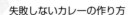

## 最後のスライドを有効活用しよう

　プレゼンの最後に，「ご静聴ありがとうございました」というスライドを見かけることがあります。発表やプレゼンを聴いてくれた人たちに対しての感謝の現れということなのでしょう。

　ところで，このスライドは必要でしょうか。

　プレゼンがひと通り終われば，通常は質疑応答の時間です。つまり，プレゼンの最後のスライドは，映写されている時間は他に比べても長くなります。その間，ずっと聴き手は感謝の言葉を見続けることとなります。このことにあまり意義はありません。

　では，最後のスライドには何がよいでしょうか。1つの考え方として，テイクホームメッセージが示されたまとめスライドを最後にするという考え方があります。

　他にも，最後のスライドに追加情報などのための QR コードを載せるという手もあります。質疑応答の時間を利用して，コードを読み取ってもらうことができます。

　こんな具合に，映写時間の長い最後のスライドは，利用価値の高いものです。せっかくの発表の機会です。ぜひ有効に活用してください。

# 第12章

## プレゼンテーションで話す内容を考える

　本章では，実際にプレゼンテーション（以降，「プレゼン」とする）で話す内容を考えます。ここではとくに，言葉や表現に注目して，実際のプレゼンの場面で何を話したらよいかを考えてみましょう。

　まず，どのような言葉を選ぶかを考える必要があります。言葉といってもいろいろです。私たちは普段から，格式ばった言葉遣いやくだけた言葉遣いなど，同じ内容でも場面に合わせて言葉を使い分けています。それはプレゼンでも同じことで，その環境によってどのような言葉を選ぶべきか考える必要があるでしょう。

　どのような言葉を選ぶかと同時に，言葉をどう話すのかも重要なことです。文字に起こせば同じ文章であっても，声に出したときに意味が変わってくることもあるでしょう。

　第11章の学習を経て，構成に沿ったスライド資料もできあがりつつあります。スライドごとに，何を話せばよいか，発表原稿の準備をすべきか，準備するならどのような原稿を用意したらよいか。本章の内容を踏まえて，わかりやすいプレゼンのための準備を進めましょう。

## 本章の達成目標

☐ 話し言葉と書き言葉の特性の違いを理解し，わかりやすい話を組み立てることができる。

☐ プレゼンにふさわしい言葉遣いの要点を他者に説明できる。

☐ 場にふさわしい言葉遣いでアカデミックなプレゼンができる。

# 1
## 事 前 学 習

(1) **課題**①：自分の話す内容を確認する

　説明の前に**課題**①に取り組みます。自分の話す様子を録音してみましょう。プレゼンを準備しているスライドがあれば，どれでもよいのでスライド1枚を選んで，ストップウォッチで測りながら1分間以上2分間以内で説明してみてください。そのとき，録音するのを忘れないでください。スマートフォンの録音機能が便利です。

　次に，ちょっと大変ですが，録音した自分の説明を，文字起こししてみましょう。途中，「えーと」や「あのー」といった声（つなぎ表現）が入っていたりしますが，それも忠実に書き起こします（⊜ワークシート📝Ⅱ-12-1）。

(2) **話し言葉の難しさ**

　**課題**①をやってみてどうでしたか。文字起こしした文章を読んで，わかりやすい文章だと思った人は少ないと思います。主語と述語の関係や構文としてどうかなど，確認してみてください。同じ言葉を繰り返していたり，主部と述部が噛み合っていなかったりしていないでしょうか。もしかすると，録音の半分以上が「えー」や「あのー」のようなつなぎ表現だという人もいるかもしれ

ません。何を話すのか，事前に整理できていないとどうしてもこういうことになってしまいます。事前に話す内容をしっかり整理しておきましょう。

　ただし，これはみなさんが特別だというわけではなく，ほとんどの人がそうなのです。大半の人は，書き言葉として改めて読むと，驚くほど簡単な文章を日常的に会話の中で話しています。話し言葉は，話せば消えてなくなるその場限りのものであるため，話し始めたときには，きちんとしていたとしても，話し続けるうちにだんだん曖昧なところが出てきます。言ったことをその場で補足するために，同じことを繰り返したり，付け足したりしていけば，構文や論理性が崩れてしまうのは自然なことです。

　NHK など放送局では，新人アナウンサーのトレーニングとして，デスクにレコーダーを置いて，1 日中自分の会話を録音し続けるのだそうです（吉田，2005）。デスクの周囲で話した言葉を後から聞き直し，発音の正確性とともに，構文の正確さや論理性など自分の話し方の問題点を確認させる目的です。その結果，自分が日常的に使っている話し言葉に衝撃を受ける人が多いようです。

　日常の会話ならともかく，プレゼンではどうでしょうか。プレゼンは，自分の考えをいかにわかりやすく伝えるかが重要であることは，ここまで何度も出てきたことです。プレゼンにおける話し方が肝心だということがこれでわかったのではないでしょうか。そして，プレゼンの場合，事前に準備することもできます。わかりやすく話せるように，事前に用意すればよいのです。

### (3)　付け足しながら話さない

　「話が長い」「もっと簡潔に話してほしい」。誰かの話を聞いていると，よく感じることです。では，なぜ話が長くなってしまうのでしょうか。人は，話しながら，相手がわかってくれているかどうか不安になるものです。わかってもらいたいがために，よかれと思って説明を付け足し，必要以上に細かいことまで話してしまい，その結果として話が長くなったり，焦点がぼけてしまうことになります。 課題 ①で，録音した自分の説明が回りくどく感じた人もいたと思います。これなどは，まさにその典型です。

### (4) 簡単すぎると思うくらいの内容でよい

　では，どのように話せばよいのでしょうか。話し言葉の構文は，書き起こしてみると簡単すぎるというくらいがちょうどよいでしょう。書き言葉であれば，どんなに複雑な文であっても，何度も読み返すことである程度は理解することが可能です。しかし，話し言葉はその場限りです。複雑な内容の文であれば，聴き手は，その都度解析しながら聞くことになります。

　最も基本的な文といえば，主部と述部だけの組み合わせの単文です。単文は，「彼女がケーキを作った」のような文章で，文中に述部は１つだけです。重文は，「彼女は料理が好きで，ケーキを作っている」のような文章で，並列関係の単文を結びつけています。複文は，「彼女が作ったケーキは，おいしかった」のような文章で，並列でない単文が結びつけられています。書いてある文字で読めば，とても簡単ですが，音声として聞くと，聴き手にとって混乱しやすい場合があります。なるべく複文を使わず，単文で話すことを意識してください。今回の例であれば，「彼女はケーキを作った。そのケーキはおいしかった」のように複数の単文に分解してしまえばよいのです。極力シンプルにしてしまうことで，聴き手は，話し手が話している文を脳内で解析することなく，集中して聴くことができます。

### (5) 　課題　②：自分が話すことを整理する

　ではここで，　課題　①で書き起こした文を改めて見直してください。自分が何を言いたかったのかをもう一度，考えてみましょう。そして，　ワークシート　📑 II-12-2 に従って，主部と述部のシンプルな文に整理してみてください。

# 2
## 授　業

### (1)　使える発表原稿を考えよう

　前節では，改めて話し言葉の難しさを考えてもらいました。それでは，発表するにあたってどのような原稿を用意すればよいのでしょうか。これは，どんなプレゼンを予定しているかで変わってきます。たとえば，発表時間が1時間を超えるような場合，一言一句台本のように話す言葉を書いた原稿を準備することは無意味といえるでしょう。逆に，1〜2分ととても時間が限られるようなスピーチであれば，その時間内に収まるよう，しっかりと台本を用意することは意味があります。

　そもそも何のために発表原稿を用意するのかといえば，プレゼンで話す内容を整理するためです。ザックリとした原稿でもないよりはあったほうが絶対に安心です。とくに，プレゼンそのものに慣れていなかったり，発表する内容自体に慣れていない場合，ある程度細かく原稿を準備することで，安心して発表に臨むことができます。

　ここからは，具体的に話す内容を整理しながら，原稿を用意する手順をみていきましょう。

### (2)　原稿は，スライド1枚に1ページ用意する

　プレゼンの原稿は，できあがっている資料をベースに作成します。プレゼンでは，スライドを映写しながら説明することが多いと思います。スライド1枚に対し，原稿も1ページ用意します。内容を覚えている場合でも，原稿はスライドの進行にあわせてめくっておきます。予想外の何かが起こって，頭が真っ白になってしまうこともありますし，そうした場面に一気に何枚も原稿をめくることは印象がよくないからです。また，最近よく見られる光景ですが，スマートフォンのような小さな電子デバイスに原稿を入れておくことも感心しません。スライド映写している会場は，必ずしも明るくなく，そこでスマート

フォンを覗き込めば，自分の顔が下から照らされてしまいますよね。その場面を想像してみてください。やはり，昔ながらの紙ベースが原稿には適しているといえるでしょう。

### (3) スライドの中身と説明は連動させる

それでは，実際に作ってみましょう。まず，そのスライドで扱っているトピックを順番に全部書き出します。それぞれに対し，深く掘り下げて説明するものと，そこまで説明しないものに分類します。

ここで，実際に話す説明の順番とスライドの配置との間に矛盾がないように気をつけてください。説明の順番がスライドの配置と合っていないと，聴き手は混乱してしまいかねません。話すことを前提にスライドをもう一度見返してみてください。もしかすると，スライド内の要素の順番を置き換えたほうが説明しやすくなるかもしれません。

次に，スライドには載せていないが，補足すべき事柄があれば，書き出したトピックの間などに書き込みます。

最後に，そのスライドの前後の関係がわかるような，スライド間をつなぐ言葉を1つ書き込んでおきます。スライド間をつなぐ言葉は，本番にアドリブで行うと，意外と出てこないものです。この言葉をあらかじめ決めておくと，円滑に発表を進めることができます。下書きができたら，改めて暗い部屋でも読み取れるような大きな文字で清書します。これが発表原稿です。

### (4) 丸読みするための原稿ではない

詳しくは第14章で扱いますが，話し手は聴き手に目線を向けるなど，プレゼンにとってふさわしい振る舞いが求められます。ずっと下を向いて原稿をただ棒読みするだけでは，聴き手はどのように感じるでしょうか。

だからこそ，ここで作った原稿は，ただ読み上げるためではなく，いざというときの備忘録であると考えてください。話したい内容をすべて原稿に入れるのではなく，箇条書きを基本として，要点や話すべきキーワードのみを入れるようにしましょう。

しかし，それでも不安だという人もいるかもしれません。プレゼンに自信が

もてなかったり，人前で話すのが苦手だという人は，リハーサル用の台本を作るのも1つです。まずは，話す内容をすべて文字に起こしたうえで，時間の調整や内容の確認を行います。混乱を防ぐために，スライド1枚につき1枚の紙を使い，大きめの文字で行間も広めに取りましょう。この場合，強調するところや間を取るところ，内容以外のジェスチャーについても書き込んでおくとよいでしょう。ただし，この台本はあくまでもリハーサル用です。本番では，リハーサル台本を読み上げてはいけません。そして，少しでも経験を重ねながら，見出しや要点だけの簡単なメモで発表できるように心がけてください。

前節でも触れましたが，原稿に依存できない状況におかれると，しばしばぶつかるのが，つなぎ表現「えー，えーっと，あのー，そのー，このー」の問題です。つなぎ表現がまったくダメだというのではありませんが，聴衆からすれば雑音に聴こえることが多いものです。つなぎ表現が出てしまう原因は，次に発話する言葉を探しているからです。もっといえば，言いたいことが確定していないか，あるいは言葉が頭に入っていない状態だということになります。何度もリハーサルを繰り返すことで，いつの間にか出なくなるはずです。

(5) 活動 ❶：課題 ②の共有

考えてきた 課題 ②を使って，ペアやグループでそのスライド（あるいは印刷したもの）を見ながら検討しましょう。スライドと対応しているかどうか，内容が整理されているかどうか，理解できないところはないか，確認してください。わかりにくかった点や不十分な点などを指摘しながら，話し合ってまとめましょう。

(6) 活動 ❷：スライド原稿の作成とリハーサル

授業での説明を踏まえて，選んだスライドの発表原稿を ワークシート📝 II−12-3 に従って考えてください。そして，完成した原稿を使いながらそのスライドのリハーサルに取り組んでみましょう。ペアやグループでお互いのリハーサルを聞きながら，よかったところや改善すべきところを指摘し合ってください。

# 3
## 本章のまとめ

　本章では，書き言葉の文章と話し言葉の文章には違いがあることを踏まえ，プレゼンで話す内容のまとめ方を考えてきました。この話し言葉の特性は，何も改まったプレゼンの場面に限らず，他者とのコミュニケーションで常に考えておくべきことです。普段，誰かとの会話の中で，相手から「それで？」とか「つまり，どういうこと？」のように聞き返された経験はないでしょうか。話す内容のまとめ方に問題があれば，どんなに上手に話したつもりでも，相手に半分も伝わってないかもしれません。大事なことは，「伝える」ことではなく，「伝わる」ことです。「伝える」と「伝わる」では，意味が大きく異なります。そのためには，本章で見てきたような入念な準備が欠かせません。

　わかりやすく話すことは，簡単なことではありませんが，意識してそうしないことには，何も始まりません。どんな専門分野でも，どんな職業でも，他の人に自分の考えを伝えることは避けて通ることができません。誰だって，最初から緊張することなく，完璧に話すことはできません。自分が話す機会を避けることなく，場数を踏みながら上達していくものです。そんなとき，「どうしたら伝わるのか」を意識して話すことで，より上達していくはずです。口下手だと思っている人こそ，この機会にぜひ一歩踏み出して，入念に準備をしてプレゼンに取り組んでみてください。

# 4
## 事 後 学 習

　すべてのスライド原稿を準備できていれば，本番を想定したリハーサルをしてみましょう。リハーサル用台本の準備にかかわらず，時間を測定しながら読み上げてみましょう。制限時間内に収まらなければ，何かを削る必要があります。時間が余ってしまう場合には，何かを足す必要があります。グループで取

り組んでいる場合には，メンバー全員で集まって実施してください。

# 5
## 発展的学習

　テレビなどのニュースキャスターや司会者などの話し方を研究してみましょう。文字起こしをしてみるのも1つです。どんな構文で話を組み立てているか，わかりやすく伝える秘密が隠れているかもしれません。

　自分にとって，話し方のお手本となりそうな人を見つけてみましょう。身近な人の中には，話し上手な人もいれば話し下手な人もいると思います。なぜ上手なのか，なぜ下手なのかを考えてみてください。話の組み立てが上手なのかもしれませんし，言葉の選び方やテンポなど話し方そのものが上手なのかもしれません。

---

さらに学びたい人への文献案内

池上彰（2009）『わかりやすく〈伝える〉技術』講談社（講談社現代新書）.

山口拓朗（2019）『会社では教えてもらえない　ムダゼロ・ミスゼロの人の伝え方のキホン』すばる舎.

吉田たかよし（2005）『「分かりやすい話し方」の技術——言いたいことを相手に確実に伝える15の方法』講談社（ブルーバックス）.

**本章の参考文献**

吉田たかよし（2005）『「分かりやすい話し方」の技術——言いたいことを相手に確実に伝える15の方法』講談社.

第 **13** 章

# 効果的な質疑応答にするため話し合う

## テーマの概要

　本章では，プレゼンテーション（以降，プレゼンとする）における「質疑応答」
を効果的に行うためのポイントについて学びます。

　みなさんは質疑応答という活動に参加したことがありますか？　高校でプレゼン
を経験してきた人もいるでしょうし，オープンキャンパスなどの場で説明の後に質
問をした人もいるかもしれません。質疑応答といえば少し堅苦しいイメージかもし
れませんが，質疑応答で行われる活動の1つである「質問」に着目すると，さま
ざまな場面で経験したり，友達や家族とのコミュニケーションの中で自然と質問を
したりしてきたことでしょう。

　このようにみなさんの生活の中でこれまでも経験し，日常の中で自然と行ってい
る質問ですが，大学の授業となると極端に質問をする学生は減ります。これはなぜ
でしょうか。藤井・山口（2003）によると，他者の存在や授業中の雰囲気を気に
することや，質問をすることで能力が露見することへの不安が要因として挙げられ
ています。これは他者から「悪い質問しているな」と思われることを回避したいと
考えていると解釈できます。学生同士のプレゼンにおける質疑応答でも，手を挙げ
て質問をする学生は多くはありません。一方で，発表を聞いて黙っているだけでは，
極端な言い方をすれば「その場にいない」ことと同じです。質疑応答では，全員が

139

しっかりと参加してディスカッションを行うことが重要です。

　そこで本章では，質疑応答の中でもとくに「質問」に着目して，どのような態度で質疑応答に臨み，どのように参加すればよいかを考えていきます。

## 本章の達成目標

- [ ] 質疑応答の目的を他者に説明することができる。
- [ ] 聴き手としてどのような態度で質疑応答に臨めばよいかを他者に説明することができる。
- [ ] 他者の発表を聴いて質問をすることができる。

# 1
# 事 前 学 習

## (1) 「よい質問」とは何か

　テーマの概要では，「他者から『悪い質問しているな』と思われることを回避したい」という話をしました。ここでみなさんに考えてほしいことは「悪い質問」，またその反対の「よい質問」がどのようなものかということです。ここ数年「よい質問」といったセリフはテレビ番組でも耳にします。しかし「よい質問」とは具体的に何を指すのでしょうか。事前学習では，みなさんの考える「よい質問」とはどのようなものかを考えて言語化してみてください。ワークシート📝 II-13-1 に従って，次の2点を考えてから授業に参加しましょう。

## (2)　課題 ①：何のためにプレゼンを行うのか

　これから授業で実施するプレゼン，ゼミでの研究発表，企業内での企画発表

など，みなさんは，これから多くのプレゼンを経験するでしょう。では，プレゼンとはそもそも何のために行うのでしょうか。現時点のあなたの考えを書いてください。また，なぜそのように考えたのか理由・根拠も書いてください。

(3) 課題 ②：よい質問とは何か

「よい質問」とはどのような質問でしょうか。現時点のあなたの考えを書いてください。また，なぜそのように考えたのか理由・根拠も書いてください。

# 2
## 授　業

### (1) そもそも何のためにプレゼンを行うのか

授業ではまず，課題①で考えてきたことをペアで共有しましょう。「何のためにプレゼンを行うのか」について自身の考えと，そう考えた理由・根拠をしっかり説明しましょう。そのうえで「何のためにプレゼンを行うのか」について発表できるように1つの意見として整理してください。

ペアで考えたり，発表を聴いたりすると，課題①で考えたことと少し変化が生じた人もいるのではないでしょうか。では，ここから「何のためにプレゼンを行うのか」について解説します。プレゼンと一言でいっても，その活動は「発表（発表者からの情報提供）」と「質疑応答（聴き手を含めた全体でのディスカッション）」に分かれます。プレゼンに慣れない間は，どうしても「発表」に着目しがちで，「質疑応答」はおまけのような位置づけで考えられることが多いようです。

しかしながら，なぜ発表を行った後に質疑応答を必ず行うのでしょうか。それは，プレゼンという活動が，発表者が発表した研究成果，アイデア，企画案，商品・製品などを，質疑応答において参加者全員でディスカッションし，発表したものをブラッシュアップするための活動だからです。すなわち，どちらかといえば「発表」は研究成果やアイデアなどの説明にすぎず，質疑応答におけ

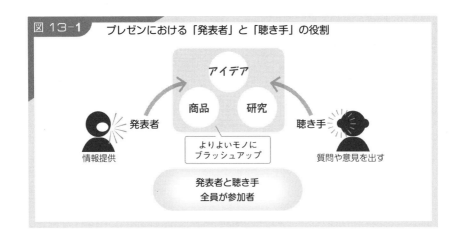

図 13-1　プレゼンにおける「発表者」と「聴き手」の役割

アイデア

商品　　研究

発表者

情報提供

よりよいモノに
ブラッシュアップ

聴き手

質問や意見を出す

発表者と聴き手
全員が参加者

るディスカッションこそが最も重要な活動であるといえます。

　この関係を整理したものが図 13-1 です。このように図で見ると左側部分の「発表」は発表者からの「情報提供」にすぎず，質疑応答を行いながら全員で，よりよいものを作る活動だということがわかると思います。

　プレゼンはこの関係性を理解することが重要です。先にも述べた通り「発表を行ってしまえば終わり」ではありません。発表者は聴き手の質問を真剣に考えて回答や意見を述べることももちろん重要ですし，聴き手としてしっかり発表を聴き質問することも非常に重要です。

### ⑵　「よい質問とは何か」を考える

　次に，⑴で学んだ関係を踏まえて，**課題**②で取り組んだ「よい質問とは何か」を考えていきましょう。**課題**②をペアで共有しましょう。「よい質問」とはどのようなものかを説明すると同時に，その理由・根拠までしっかり説明しましょう。そのうえで「よい質問とは何か」を発表できるように 1 つの意見として整理してください。

　実際の大学の授業でこの課題に取り組んでもらうと，多く挙がっていた回答は以下のようなものでした。

- ● 誰もが気になる質問
- ● 聴いている側の理解を促す質問
- ● 話す側にとって都合のよかったり，発表で聴いてほしかったりした質問
- ● 話の核心を突いている質問

　それぞれ「よさ」の観点は違いますが，いくつかの観点で「よい質問」を表現してくれているように思います。それでは，実際にはどのようなことがいわれているのでしょうか。「よい質問」を考える前に，そもそも質問とはどのような特徴をもっているかを考えていきましょう。

　安斎・塩瀬（2020）が「問いの基本性質」として7つをまとめています（p.39）。「質問」ではなく「問い」と表現されていますが，あえてそのように表現された書籍を紹介しています。その理由は以下の通りです。

　「問い」という言葉は，第4章や第5章でも扱いました。そこでは，論証型レポートの問いとして紹介され，レポートにおいて何を論証するのかを示すものでした。ここで，前項で考えた「何のためにプレゼンを行うのか」を思い出してください。プレゼンは，発表者の研究成果やアイデアを聴き手も交えてよりよいものにするためにディスカッションすることが重要であると説明しました。このように考えると聴き手からの「質問」は，単なる事実確認にとどまらず，発表者に対して新たな視点や新たな探求のテーマを提供するきっかけやツールとなり得ることを示しています。そのため，ここでは「質問」ではなくより広い概念である「問い」と表現された書籍を取り上げて考えます。一方で，論証型レポート，プレゼンにおける「問い」と区別するために，引用の部分以外は「質問」と表記します。

　それでは改めて，「問いの基本性質」を見ていきましょう。

- ❶ 問いの設定によって，導かれる答えは変わりうる
- ❷ 問いは，思考と感情を刺激する
- ❸ 問いは，集団のコミュニケーションを誘発する
- ❹ 対話を通して問いに向き合う過程で，個人の認識は内省される
- ❺ 対話を通して問いに向き合う過程で，集団の関係性は再構築される
- ❻ 問いは，創造的対話のトリガーになる

❼ 問いは，創造的対話を通して，新たな別の問いを生み出す

　これらの性質を見ると「思考や感情を刺激する質問」「集団のコミュニケーションを誘発する質問」のようなものがよい質問といえるように思えます。しかし，思考や感情の刺激や集団のコミュニケーションとは具体的にどのようなものでしょうか。前項でも説明した通り，質疑応答の役割は，発表者の研究成果やアイデアをよりよいものにしていくことでした。これに照らし合わせて考えましょう。

　まず，「❷ 問いは，思考と感情を刺激する」について考えます。発表者は，プレゼンのために準備・練習を重ねてきました。それゆえに，自分たちの発表内容には自信やこだわりがあります。一方で，それが制約となってしまい新たな視点が制限されてしまうことがあります。聴き手は，そのような制約がない状態で質問を投げかけるので，発表者が気づかなかった視点を提供することにつながります。それが結果として発表者の思考や感情を刺激します。

　次に，そのような質問に答える過程で，発表者は新たな気づきや改善点を得ることもできます。これがまさに「❹ 対話を通して問いに向き合う過程で，個人の認識は内省される」ことにつながります。さらに，新たな気づきや改善点を得た発表者は，では自分の研究成果やアイデアをよりよくするためにどうすればよいか考えたり，よくするための仮説を立てたりします。これは「❼ 問いは，創造的対話を通して，新たな別の問いを生み出す」の内容と関連しているといえそうですね。

　本項は「よい質問とは何か」がテーマでした。これについて，ここまで述べてきたことを整理すると「よい質問というものは存在しない」ということです。問いの7つの基本性質を改めて見直してください。ここには7つの"よい"問いの基本性質とは書かれていません。つまり，「よい質問者」にならなくとも，プレゼンの場において質問をすることは，無条件でその場に貢献するということです。聴き手は，発表された研究成果やアイデアなどに対して質問したり指摘をしたりする重要な参加者の1人です。授業内のプレゼンでは発表者となる場合を除き，そのほとんどを聴き手として参加します。ただ単に発表を聴くだけでなく，その発表内容をどのようにブラッシュアップすることができるかを

考える「参加者」「当事者」「一緒に考える仲間」といった態度で参加するようにしましょう。

### ⑶ 「質疑応答」で質問する

ここまで，プレゼンにおいて聴き手として求められる参加の態度について述べてきました。一方で，学生の声に耳を傾けると「質問することが苦手だ」「質問が思い浮かばない」といった話を多く耳にします。ここからもわかる通り，質問をすることは確かに簡単ではありません。ここでは，どのようにして質問を作っていくのかについて考えていきましょう。

#### ① 質問してくれるようにしっかり丁寧に説明する

どのようにして質問を作るかを考える前に，まずどのようにして質問を引き出すのかという，発表者側のスキルについて話をします。

質問に関する代表的な研究に三宅とノーマンの研究があります（Miyake & Norman 1979）。現在まで行われてきた質問研究の根幹となる非常に重要な研究です。ここでは「人はどのようなときに質問をするのか」について研究されています。結論をかみ砕いて簡単に紹介すると「人はわからないから質問をするのではない」ということと，人が質問をするのは「これまでの経験や知っている知識と目の前の作業や説明されたこととの間にズレや齟齬が生じたとき」だということなどが述べられています。

これをプレゼンに当てはめてみましょう。発表が終わり質疑応答に入ります。聴き手は，積極的に質疑応答に参加しようと発表を聴いてくれました。しかしながら，実際は質問の手が挙がりません。これはどのような状態でしょうか。

⑴ 発表は内容があまりにも簡単すぎた。そのため，聴き手の全員が理解でき質問や特別な指摘事項がなかった。

⑵ 発表内容があまりにも難しすぎたため，聴き手の理解が追いつかず「何を聞いてよいかがわからない」状態に陥っている。

先の研究に当てはめると，発表がこのいずれかの状態だったと解釈できそうです。⑴のように，1人で理解できたり作業ができたりしたため，わざわざ

質問しないという経験がみなさんにもあるのではないでしょうか。

　ここで重要なことは(2)の状態です。発表者は，そのテーマをしっかり調べ，研究したうえで発表するので，その分野について詳しい状態です。そのため「これはわかるだろう」と思って説明を飛ばしたり，難しい言葉をそのまま使ったりすることが無意識のうちに起こります。このような状態で，聴き手が発表内容を理解できないと，聴き手は「何を聞いてよいかがわからない」状態になってしまいます。これは，質問をしない聴き手に問題があるのではなく，丁寧な説明をしなかった発表者側の課題といえます。では，(2)の状態を避けるために発表者は何をすればよいのでしょうか。一言でいえば，丁寧な発表をするということに尽きます。具体的には以下のようなことをやってみてください。

❶ **聴き手がだれなのかを考える**：聴き手がどのようなことを知っているのか，どのような経験をしているのかといったことを踏まえて，どの程度の情報をどのように紹介すればよいかを考えましょう。この授業のプレゼンの聴き手は大学 1 年生です。また，みなさんが扱うのは「一般的な社会問題」であり，高度な専門知識ではありません。このことを踏まえて，普段自分たちはどの程度，新聞やニュースを目にしているか，どのように情報を得ているかといったことを振り返りながら発表資料を作るようにしましょう。

❷ **練習をする**：❶の点を十分に配慮したとしても，やはり完璧にできることはなかなかありません。そこで，しっかりと事前の発表練習をしておきましょう。グループのメンバーや，友達・家族に協力してもらってもよいでしょう。そこで事前に意見をもらっておくことで，本番でしっかりとした情報提供ができるようになります。

　質疑応答は，発表者と聴き手のコミュニケーションです。聴き手の質問をしっかりと引き出せるように，発表者も丁寧な情報提供ができるようになりましょう。

　② 　質問することをためらわない

　次に，具体的にどのように質問をしていくかについて触れておきたいと思います。ここでは，2つの活動を通して考えていきます。

　はじめに， 活動 ❶ です。先ほど紹介した三宅とノーマン（Miyake &

Norman 1979）の著者でもある三宅なほみ先生に，1つ質問ができる機会を得た
とします。みなさんはどのような質問をするかを考えてみましょう。三宅なほ
みほ先生の簡単な紹介は以下の通りです。まずは，個人でワークシート📝Ⅱ-
13-2に記入しましょう。

---

● 日本を代表する認知科学・学習科学の研究者
● 協調学習を長年にわたり研究。建設的相互作用のメカニズムや，知識構
  成型ジグソー法の開発など，人間の「理解」をテーマにした研究に尽力

---

さて，みなさんはどのようなことを書きましたか？　これは学生から実際に
挙げられた質問ですが「なぜ認知科学の研究者になろうと思ったのか？」「学
習ができる人とはどのような人か？」のように抽象的な質問が並びます。しか
しこれは悪いことでも何でもありません。おそらく多くの人が，三宅なほみ先
生をよく知らない状態だったからでしょう。先ほど説明した通り，質問をする
相手についてよく知らない状態で質問することは難しいのです。

では，これを踏まえて 活動 ❷ に取り組んでみましょう。次は，自分の好
きな芸能人，スポーツ選手，尊敬する人など1人を選んでください。架空の人
物や歴史上の人物でもかまいません。ただし，現実に質問ができる両親や先生
などの親しい人は，尊敬していたとしても今回は選ばないでください。ここか
らは 活動 ❶ と同じです。選んだ人に質問ができる機会を得ました。どのよ
うな質問をするか3つの質問を考えワークシート📝Ⅱ-13-2に記入しましょ
う。

ペアで 活動 ❷ の内容を共有・説明します。共有するときには，「なぜ，そ
の人を選んだのか」「なぜ，その質問をしようと思ったのか」の理由をしっか
り話すようにしてください。

ここまでの活動を振り返ってみましょう。活動 ❷ では 活動 ❶ と違い，
質問してみたいことが多く挙がったり，その質問をしてみたいという理由が
しっかりと言語化できたりしたのではないかと思います。ここからわかること
は，みなさんは，質問の仕方を知らなかったり，質問するスキルが不足したり
しているわけではないということです。すなわち，質問する力は十分にあり，
積極的に参加し，丁寧な説明がなされればきちんと質問をすることができると

いうことです。

　一方で，質問は思いついたが「この質問は発表者の認識を新たにすることはできるのか」と考えてしまいなかなか手が挙がらないこともあるでしょう。しかし，そのようなことを考える必要はありません。たとえば，事実確認のような簡単な質問だったとしても，発表者は「その部分の説明が足りなかった」「もっとその部分を説明しないと自分たちの主張が伝わらない」といった次の活動への気づきを得ます。また，他の聴き手にとっても，次の質問をしやすくなります。他にも，一見関係の薄いような質問でも，異なるアプローチで物事を見るきっかけになったり，話が広がったりします。

　これまで述べてきた聴き手としての態度を十分に理解したうえで，発表者側が丁寧な説明をしていくことで自然と質問が出てくると考えてもらってもよいですし，聴き手側もためらわずに考えた質問をすることが重要です。一方で，発表を聞いていきなり多くの質問ができるわけでもないかもしれません。その際は「5W1H」のような型を使って質問を作っていくということも1つの方法です。このような型を使いながら，徐々に慣れていきましょう。

### ⑷　「質疑応答」で質問に答える

　最後に，発表者としてどのように質疑応答に参加し，質問や問いに答えるかについて簡単に説明します。いずれの場合でも重要なことは「ご質問・ご指摘ありがとうございます」という感謝の言葉から入ることです。これまで述べてきたように，聴き手は発表者の研究やアイデアをよりよくする視点を提供してくれます。すべての質問，問いに対してまずは感謝の言葉を述べるようにしましょう。

### ①　質問をしっかりと受け入れる

　まず重要なことは，質問をしっかりと受け入れることです。非常に当たり前のことでもありますが，質問を無視したり，答えなかったり，怒ってしまったりしてはいけません。答えられないような質問で困ることもあると思います。そのような場合に備えて，必ずメモがとれるものを持ち込んでください。相手の質問をメモしながら，質問の意図を理解するように考えてみましょう。

また，本当に話を聴いていたのかと思ってしまうような，発表で説明したはずの内容の確認を求めるような質問に出くわすこともあるでしょう。憤りを感じる気持ちは理解しますが，しっかりと再度説明しましょう。そのうえで，説明の仕方や話すスピードなどが十分だったかといった自身の発表を振り返る材料にしていきましょう。

② 黙らない

　①でも紹介した答えられないような質問に出くわして，黙り込んでしまう事例が多くあります。確かに，答えられずに困ってしまうことはあると思います。しかし，重要なのは「黙らない」ことです。①でも述べたように，質問の意図を考えながら，発表で触れた内容や発表を準備するにあたって調べた内容などを思い出しながら関連する内容を何でもよいので話してください。

　苦し紛れのようにも感じるかもしれません。しかし，問いの7つの基本性質の「❸ 問いは，集団のコミュニケーションを誘発する」を思い出してください。質疑応答はコミュニケーションですから，発表者が何かを答えると，聴き手もそれを踏まえて，再度かみ砕いた質問をしてくれたり，それに応じたアドバイスやコメントをしたりしてくれます。

　しかし，黙ってしまうと何も起こりません。聴き手も，しっかりと質問を投げかけてくれているわけですから，何か答えることにチャレンジしてみてください。

③ 「その通りだと思います」「今後の課題です」で逃げない

答えられないような質問に出くわしたときに「その通りだと思います」や「今後の課題です」と一言だけ言って終わってしまう事例も多くあります。②で述べたことと矛盾しますが，黙らずに何か話したとしてもこれはあまりよくありません。それは，自分の研究やアイデアなどに価値がないことを認めたことになってしまうからです。

困ってしまい「その通りだと思います」と答えたくなったときは，自分の発表がどのように検討が不足していて，その質問がどのように核心を突いていたから「その通り」だと思ったのかといった理由をしっかり説明しましょう。そうすることで，次の課題や改善点が見えてくるはずです。

「今後の課題です」と答えたくなったときも同様です。自身の発表は何をどこまで扱ったのかを簡潔に整理しつつ，その質問の内容が自身の研究やアイデアなどをいかに発展させる可能性があるかを述べながら「今後の課題とさせてください。ご指摘ありがとうございました。」と返すようにしましょう。

最後にどうしても答えられない場合について説明します。授業やゼミのような場であれば，次の発表の機会に検討した内容や調べた内容を再発表すればよいでしょう。一方で，学会発表などの学外の発表の場合は，発表後に質問者に声をかけて名刺をもらったり連絡先を聞いておいたりしましょう。そして，後日調べた結果や整理した見解を伝えるようにするとよいでしょう。

# 3
## 本章のまとめ

本章では，質疑応答について述べてきました。その中でもとくにプレゼンにおける質疑応答の位置づけを整理し，聴き手は重要な参加者であるということ，質問を引き出すために丁寧な説明を行うこと，質問に答える際の心構えなどを学びました。

**テーマの概要**で，発表を聴いて黙っているだけでは，極端ないい方をすれば「その場にいない」ことと同じといいました。この理由が本章の説明を通して

少しわかったのではないかと思います。いきなり手を挙げて質問をすることは
難しいかもしれません。また発表者として，発展的な質問を受けて答えに困っ
てしまう場合もあるでしょう。しかしながら，これらの取り組みによって，研
究やアイデア，商品などがよりよいものになっていきます。その場にいる仲間
と協力して，よりよいものを生み出すすばらしい活動に参加しているわけです
から，少し勇気をもって質問することにチャレンジしてほしいと思います。

# 4
## 事 後 学 習

　グループのメンバーが発表する箇所について，発表練習をしながら相互に質
問をし合いましょう。また，質問を受けたポイントについては説明の方法やス
ライドの記述内容がこれでよいかどうかをしっかり検討しましょう。

# 5
## 発展的学習

　「質問」はプレゼンだけでなく，日常での仕事・アルバイト，サークルやゼ
ミなどのグループでの活動をよりよくしたりするためにも重要です。自身が所
属しているコミュニティ（サークル，ゼミ，アルバイト先，授業でのグループなど）
の活動をよりよくするためには，どのような「質問」を投げかければよいか自
分なりに検討してみてください。関連する書籍を紹介しますので，ぜひ読んで
みてください。

さらに学びたい人への文献案内

**安斎勇樹**（2021）『問いかけの作法——チームの魅力と才能を引き出す技術』ディスカヴァー・トゥエンティワン．

**宮野公樹**（2021）『問いの立て方』筑摩書房（ちくま新書）．

 **本章の参考文献**

**安斎勇樹・塩瀬隆之**（2020）『問いのデザイン——創造的対話のファシリテーション』学芸出版社．

**藤井利江・山口裕幸**（2003）「大学生の授業中の質問行動に関する研究——学生はなぜ授業中に質問しないのか？」『九州大学心理学研究』4：pp. 135-148.

**Miyake, Naomi & Norman, Donald A.**（1979）"To ask a question, one must know enough to know what is not known." *Journal of Verbal Learning and Verbal Behavior*, 18（3）: 357-364.

第 **14** 章

## プレゼンテーションにふさわしい
## 振る舞いをする

### :::: テーマの概要

　本章ではプレゼンテーション（以降，「プレゼン」とする）において，ふさわしい
振る舞いを学ぶとともに，それらを実践するにあたって注意すべきポイントを理解
していきます。

　そもそもプレゼンとは，伝えたい内容を効果的に伝える技術ですから，ふさわし
い振る舞いについて学ぶ前に，伝えたい内容やそれに用いるスライドなどの資料が
定まっていることが前提となります。これを前提として，本章で取り扱うのは，伝
えたい内容そのものではなく，その周辺の効果的な伝達のスキルやアイテムだとい
うことになります。別の言い方をすれば，非言語メッセージの学習だと理解してよ
いでしょう。非言語メッセージは，言語メッセージに対する概念で「言葉ならざる
言葉」といわれます。顔の表情やジェスチャー，それに服装など，ともかく言葉以
外のあらゆるものが該当します。

　本章では，まず非言語メッセージの基本を理解し，心構え（意識や熱意），音声，
視覚といった伝えるための基本要素を確認します。そのうえでプレゼンの実践にお
いて，聴衆の目を意識した髪型や服装，態度や所作，笑顔，目線などについて好印
象を与える標準的なあり方について学んでいきます。

■ プレゼンにおける非言語メッセージの重要性を理解し，説明することができる。

■ プレゼンにふさわしい振る舞いについて理解し，実践するとともにチェック・修正することができる。

# 1
## 事 前 学 習

### (1) 非言語メッセージの重要性

アメリカの心理学者であるアルバート・メラビアンが，1971 年に発表したコミュニケーションに関する研究で，次のことを示しました（Mehrabian 1971）。聴き手は話し手の何に影響を受けているかという研究です。それによれば言語メッセージの影響はわずか 7% にすぎず，残りの 93% は非言語メッセージの要素でした。つまり，非言語メッセージの与える影響は重大だという説です。

ただし，ここで若干の補足が必要です。しばしば誤解されることなのですが，メラビアンが研究で扱ったのは「感情や好き嫌いの態度」に関するコミュニケーションについてであり，プレゼンにそのまま当てはまるわけではありません。プレゼンは，あくまでロジカルな言語メッセージを中心に準備されるべきです。しかし，メラビアンの研究を知れば，感情に関するコミュニケーションでなくとも，対人関係における非言語メッセージの重要性は容易に想像がつきます。

非言語メッセージには，主として聴覚情報と視覚情報とが含まれています。聴覚情報とは耳で聞いた情報を指し，声のトーンや声質，大きさ，速さ，そのほかの音による情報です。さらに視覚情報は，表情や服装，髪型，視線，振る舞いなど目に見える情報がそれにあたります。ここでは，プレゼンの実践を念

頭において，聴覚情報と視覚情報とを中心に非言語メッセージの基本的な要素
から理解していくことにします。

### (2) 基本的要素からチェックする

はじめに断っておきますが，プレゼンに唯一無二の正解はありません。十人
十色で個性的なプレゼンがあってよいわけです。しかし，キャラクターばかり
が際立ってしまい，内容が伝わらなければ意味がありません。私たちが第一に
考えるべきは，せっかく準備したテイクホームメッセージなどをいかにわかり
やすく聴衆に伝えるかという点にあります。まずは内容をいかに聴衆に伝える
のかという観点から，いくつかの要素に分けてチェックするポイントを確認し
ましょう。

#### ① 意識や熱意

第1に意識や熱意です。意識は，先述した非言語メッセージの土台といえま
す。やる気のないプレゼンほど聴くに耐えないものはありません。聴いていて
苦痛だとか，早く終わってほしいなどと思われるのは不本意でしょう。逆に，
伝えたいという強い熱意は，内容の薄さやスキル不足を補ってくれることがあ
ります。非言語メッセージについてチェックする以前に，これまで準備したテ
イクホームメッセージを確実に伝える情熱をもち，情熱を言動で表現するよう
にしましょう。熱意とも関連しますがサービス精神も大切です。どうすればわ
かりやすいプレゼンとなるのか，どのように話せば聴衆は快適なのか，という
ようにプレゼンを聴く聴衆の立場になって考えることは必要です。

#### ② 音　　声

第2に音声です。当たり前の話ですが，音，とくに音量は重要です。声質を
重視する解説書もありますが，これは個性なのであまり考え込まないほうがよ
いでしょう。すべての発表者が一様にアナウンサーのような発声をするのは困
難ですし，没個性的になるからです。もっとも，聴き取りやすい発声や明快な
言い表し方を心がける必要はあります。

まず聴き取りやすくするために短期的な努力で変えられるのは声量です。聴

きたいのに聴こえないストレスは大きなものです。ボソボソと話すのではなく，確実に聴衆の耳に届く音量であることが求められます。会場や聴衆の人数にかかわらず，マイクを利用できるのであれば使ったほうがよいでしょう。小さな会場や少人数であればマイクの音量を絞ればよいことだからです。マイクを利用できない環境であれば聴衆へ届くように声量を上げる必要があります。

　次に話すスピードです。多くの人は緊張すると早口になる傾向があります。この傾向に従えば，ややゆっくり話すことを心がけた方がよいでしょう。もっとも個人差があるので，後に示す 活動 においてチェックする方法を示します。

　作文したものをそのまま読むことにも注意が必要です。第12章でも学んだように，表記するための文章と，話すための文章とでは大きな違いがあります。文書での単語や言葉遣いは無意識ながら読むための文章となり，口頭説明では理解が困難なことがあるからです。たとえば，同音異義語です。「これらはキョウイでした」と話したときに，「キョウイ」が脅威なのか，驚異なのか，よくわかりません。文脈で理解できる場合もありますが，「恐ろしいことでした」とか「驚きでした」と説明した方が誤解は生じにくいでしょう。わかりやすい話し言葉でプレゼンすることが大切なのです。


③　視　　覚

　第3に，聴衆は聴覚だけでプレゼンを理解しようとしているわけではありません。スライドを利用できる場合は，投影されるスライドによっても理解を進めます。プレゼンの聴き手はスライドだけを見ているわけでもありませんが，理解するためにスライドを中心に見ていることは確かです。スライドでの視覚的説明との連携を考慮して，口頭で説明する必要があります。このためグループでプレゼンする場合，スライド作成担当者と話し手とは緊密に協働し，さらに後に述べるようにプレゼン全体を客観的な視点でチェックする役割を担う人が必要になります。

　また可能ならば，レーザーポインターを使用したほうがよいでしょう。どの部分について説明しているのか指示が楽になりますし，図表やイメージを使い空間的な説明をする場合にも効果的でわかりやすくなるからです。レーザーポインターによる説明が必要な部分をあらかじめ洗い出し，少なくとも数回は練

習しておくことで，スムースにプレゼンできます。

(3) 課題：自分のプレゼンをチェックしよう

　プレゼンの一部分を実際にやってみて動画を撮影します。録画するためのスライドを1枚選んで，原稿を見ずに，できればジェスチャーも交えて説明してみてください。使っているパソコンにカメラが内臓されていれば，プレゼンテーションソフト（PowerPoint）などを用いてスライドと同時に話し手の姿を録画することができます。可能であれば，プロジェクターで映写しながら，話し手の全身が録画できるとよりよいでしょう。

　撮影した動画を自分で見て，ワークシート📝Ⅱ-14-1に気づいたこと（よい点と悪い点）を記入しましょう。

# 2
## 授　業

(1) 強調（間〔ま〕，音声の強弱）

　少し高度になりますが，キーワードの前に1秒程度の間を設けると効果的である場合があります。実は沈黙も非言語メッセージの1つです。構成上一区切りある場合，適度な間を意図的に設けることで，聞き手は情報を整理しやすくなります。それに，大事な部分をより大きな声で強調するとわかりやすくなり

ます。声に強弱をつけるとプレゼン全体にメリハリがつきます。また，大切な部分は話すスピードを落とすか，あるいは繰り返して説明してもよいでしょう。ここは大切だということが伝わるからです。繰り返しとなりますが，以上のような強調動作は，スライドごとのキーセンテンスといった言語メッセージが定まっていることが不可欠です。

### (2) 態度（姿勢，表情，目線）

　人それぞれ個性があるので姿勢や顔の表情について気にしすぎることはあまり得策ではありません。しかし，好印象をもってもらうために以下の点に注意しておいたほうがよいでしょう。同じ内容をプレゼンしたとしても，どのような人がいかなる態度でプレゼンしたのかによって，プレゼンの印象や評価は大きく変わってくるからです。

#### ① 髪型や服装

　髪型や服装については清潔感を意識しましょう。またTPO（Time：時間，Place：場所，Occasion：場合）に合わせることが大切です。つまり，どのような場でいかなる聴衆がいるのかに合わせる必要があるということです。学生が，自分の授業クラスやゼミなどでプレゼンを行うなら，髪型や服装にそんなに気をつかう必要はないでしょう。しかし，学外者や社会人を前にしてプレゼンするとなると，ビジネスカジュアル以上の髪型や服装にしておいたほうが無難です。もっと改まった場面では，さらにフォーマルな髪型や服装で臨んだほうがよいでしょう。これらはネット上にたくさんの情報があります。

#### ② 所　作

　軍隊のようにキビキビとした動作をする必要はありませんが，だらしない所作や落ち着きのない仕草はマイナスイメージとなります。ブラブラと不必要に体を揺らしたり，ゴソゴソ動くような落ち着きのない動作はよい印象を与えません。胸を張って堂々とした態度でプレゼンを行いましょう。また，プレゼンする際に身振りや手振りなどのボディーランゲージないしはジェスチャーをつけると効果的です。情熱的に見えますし，一生懸命に取り組んでいることが伝

わるからです。これに関連して，話し手の立ち位置や移動についても想定して
みるとよいでしょう。場合によりますが，聴衆のフロアに入っていくことが効
果的な場合もあります。

### ③ 笑　　顔

笑顔を心がけるとよい印象をもたれることになるでしょう。暗く苦しそうな
表情よりも，楽しそうで朗らかな表情の人から説明を受けたいものだからです。
もちろん，無駄に笑うことがはばかられる場面もあるので，これも TPO に合
わせることを忘れないようにしなければなりません。

### ④ 目　　線

プレゼン時の目線は聴き手に向けられている必要があります。目線を向けら
れると聴衆はメッセージを受け取ることに積極的になるからです。また，発表
する側は聴衆の表情や目線から，内容が伝わっているかどうかある程度察知で
きます。熟練した発表者であれば，聴衆の表情や目線から理解度を推測し，聴
衆の反応に応じてプレゼン内容の難易度を調整しながら話せるようになるもの
です。一見，プレゼンは話し手が一方的に話を進めるように見えますが，双方
向のコミュニケーションなのだととらえたほうがイメージしやすいでしょう
（第13章を参照）。緊張してどうしても聴衆の顔を見ながら進められないよう
であれば，たとえば会場の一番奥の壁や物を見ながら説明することを勧めます。
初学者が下を向いたまま発話しないための1つの工夫です。

以上の態度（姿勢，表情，目線）については，先述のように，TPO に合わせ
ることが大切です。TPO を想定するとプレゼンを戦略的に考える契機が生ま
れます。つまり，聴衆はどのような人々が多いのか，何人いるのか。時間は朝
早くなのか，午後なのか，夜なのか。会場の広さはどうか，プレゼンのための
設備は何が整っているのか，何がないのか。聴衆との距離はどの程度か。以上
のことを勘案し，プレゼンの内容を言語メッセージと非言語メッセージとの両
面からアレンジする必要があります。そもそも実施するプレゼンは，どういっ
た趣旨の催しの中で，いかなる位置づけなのかを知ることなしに行うのは危険

とさえいえます。

### (3) リハーサルを繰り返す

　プレゼンで抱えている不安なことは何でしょう。「緊張で声が出るだろうか」「時間が足りなくなったりしないだろうか」プレゼンの経験が浅い人ほど，不安も大きくなります。こういった不安を解消するためには，何よりも入念なリハーサルです。

　リハーサルでは，できるだけ本番に近い形（制限時間，資料，立って話すか座って話すか）で，実際に声を出して練習しましょう。時間を計測すれば，制限時間内に話し終えることができるか確認することができます。そして，誰かに聴いてもらうことで，自分が気づかなかった資料のミスやわかりにくい内容も修正することができます。他の人に聴いてもらう余裕がない場合でも，自分で録画や録音を残すことで，客観的に確認することができます。

　初心者は，どうしたって緊張します。しかし，入念なリハーサルこそが緊張を解消する最も有効な対策です。

### (4) アクシデントがあっても落ち着いて

　入念にリハーサルを重ね，本番を迎えました。それでも，失敗してしまうこともあります。スライドを送るのを失敗し，スライドを1枚飛ばしてしまったとか，スライドを確認しないでその次の内容を話してしまい，途中で気づいたとか，そんな失敗をするときもあるでしょう。そんなときはどうしたらよいのでしょうか。大切なことは，慌てないことです。落ち着いて，一呼吸おいてからでよいので，「失礼しました」と断ったうえで，本来のところから話し直してください。決して，黙ったまま戻ることはしないでください。失敗は誰にでもあることです。謝ってから取り戻しても，タイムロスはそれほど大きくはないはずです。

### (5) 　活動❶：非言語メッセージのチェック

　まずは，　課題　で録画したプレゼンや記入してきた**ワークシート**📝Ⅱ-14-1を見せ合って互いによい点や改善すべき点について意見を出し合いましょう。

さらに，**ワークシート**📝 Ⅱ-14-2 を利用して話し手の非言語メッセージの能力をチェックします。

✓**話し手の非言語メッセージ能力チェックリスト**

| | チェック項目 | | チェック項目 |
|---|---|---|---|
| ☐ | 伝える意思・情熱 | ☐ | 原稿なしの口頭説明 |
| ☐ | 聞き取りやすい発声 | ☐ | 不要な間投詞の排除 |
| ☐ | 明快ないい方 | ☐ | 説明の強弱（抑揚） |
| ☐ | 聴衆の耳に届く十分な音量 | ☐ | 説明の適切な間 |
| ☐ | マイクの音量調整 | ☐ | 適切な髪型や服装 |
| ☐ | 適切な説明スピード | ☐ | 適切な動作 |
| ☐ | 口頭説明に適した口語的表現 | ☐ | ジェスチャーやボディランゲージ |
| ☐ | スライドと連動した口頭説明 | ☐ | 適切な表情（笑顔） |
| ☐ | レーザーポインタの利用 | ☐ | 聴衆への目線 |

(6) 　活動　❷：TPO のチェック

まず，予定しているプレゼンの TPO について確認しましょう。**表14-1** のように **ワークシート**📝 Ⅱ-14-3 に記入しながら，TPO に合わせたプレゼンにおける非言語メッセージについて，どのようにすべきか考えてみましょう。

次に，**ワークシート**📝 Ⅱ-14-4 を使って TPO に応じてどのような非言語メッセージ（ないしは言語メッセージ）で臨むのか記述してみましょう。

| 表 14-1 | プレゼンで想定される TPO の確認の例 |
|---|---|
| 主催者や催しの目的 | 学生の学習成果を社会に向けて発表する場。主催は大学。午後 1 時より開催，90 分の催し。 |
| 私（たち）のプレゼンはどのように位置づけられているか | 学生を代表するプレゼンとして登壇する。自らのグループを含めて 3 グループ登壇する。発表順番は 3 番目（大トリ）。1 グループの発表時間は 15 分，質疑応答時間は 5 分。 |
| 誰が聴衆か | 大学生，大学教職員，関連する自治体や企業。学生から 50 代までの年齢層と推測できる。 |
| 聴衆の人数はどの程度か | 100 名程度を予定。 |
| 会場の大きさ | 最大 200 名収容できる大学内のホール。 |
| 会場の設備 | プロジェクター（特大型 1，ミニ 2），マイク（6 本），レーザーポインター（有），PC との接続（VGA 及び HDMI），プレゼン用 PC（有），延長コード（有），感染症対策（充実している），控室（なし）。 |

# 3
## 本章のまとめ

　本章では，非言語メッセージの学習，すなわち，心構え（意識や熱意），音声，視覚といった伝えるための基本要素を確認し，さらに実践的な観点から，チェックすべき注意事項について学んできました。以上のような非言語メッセージは，プレゼンの中核となる言語メッセージの周辺に位置しつつも，軽んじることのできない重要性を帯びていることが理解できたと思います。このような理解は，アカデミックな活動以外にも活用することができます。たとえば，

インターンシップや就活時の面接においても重要な要素となります。就職してからも，職種によりますがプレゼンする機会は少なくないでしょう。ここでしっかり学べば，ビジネスの世界でも成果は大きいものとなるでしょう。

# 4
## 事 後 学 習

本章を学んだのちに，今一度自身のプレゼン動画を撮影し客観的な視点を利用して，無意識の所作やくせに至るまで観察してみましょう。また，ペアなどの他者にも分析してもらい，不要な部分は削り，不足した部分は補う努力をしましょう。

# 5
## 発展的学習

発展的活動 ❶：プレゼンの「台本」を作成しよう

グループのプレゼン全体を点検し，非言語メッセージが重要となるポイントをいくつか挙げてみましょう。今度は，制作物（プレゼン）の非言語メッセージの必要性について考えます。どのポイントに，どのような非言語メッセージが必要になるか考えましょう。この際「台本」を作ってみましょう。より確実なプレゼンとなるはずです（➡ワークシート📋Ⅱ-14-5）。

発展的活動 ❷：上手なプレゼンを取り入れよう

プレゼンがうまいといわれる人物の動画を観て，取り入れられそうな部分について選び出し，実際に取り入れてみましょう。プレゼンや演説の名手としてよく挙げられるのは，たとえば，スティーブ・ジョブズ，バラク・オバマ，マーティン・ルーサー・キング・ジュニアなどがいます。インターネット上にある動画を鑑賞し，自己のプレゼンに導入できそうな小技やスキルを真似てみるの

もよいでしょう。

さらに学びたい人への文献案内

**Vargas, Marjorie F.**（1986）*Louder Than Words: An Introduction to Nonverbal Communication*, IA: Iowa State University Press. ヴァーガス，マジョリー・F.（1987）『非言語コミュニケーション』石丸正訳，新潮社（新潮選書）.

**酒井聡樹**（2008）『これから学会発表する若者のために——ポスターと口頭のプレゼン技術』共立出版.

**Reynolds, Garr**（2021）*Presentation Zen: Simple Ideas on Presentation Design and Delivery* 3rd ed., IN: New Riders. レイノルズ，ガー（2021）『プレゼンテーション Zen ——プレゼンのデザインと伝え方に関するシンプルなアイデア〔第3版〕』熊谷小百合・白川部君江訳，丸善出版.

## 本章の参考文献

Mehrabian, Albert（1971）*Silent Messages*, CA: Wadsworth Publishing.

## プレゼンで取り上げることが
## できなかった未解決の課題

　プレゼンの中で本来は触れるべきであることであるにもかかわらず，さまざまな理由できちんと取り上げられなかったことについては，今後の課題として明示しておくことも重要です。研究のための時間は無限に与えられているわけではありませんから，本来は調査・研究を行うべき事柄について研究しきれないまま，プレゼン当日を迎えることもあるでしょう。あるいは，研究をする中で，当初は想定していなかった新たな課題が生まれることもあるかもしれません。さらに，自分たちの研究結果が，ある特定の条件のもとでは正しいといえるが，条件が変わった場合には正しいかどうかわからない，といったようなことも生じ得ます。これらの場合には，勝手な推測で結論めいたことを述べるのではなく，「今回は解明できていない」ということを正直に述べておく必要があります。すなわち，そのような事柄について研究するのは今後の課題であるということを明確にしておきましょう。

# 第15章

## プレゼンテーションを振り返り，改善策を立案する

テーマの概要

本章では，これまで取り組んできたプレゼンテーション（以降，プレゼンとする）を対象に振り返ります。「振り返り」そのものについては，第9章でも扱いました。その定義や意義については改めて確認してみてください。

今回は，プレゼンに特化した振り返りを行います。第9章では，振り返りを促進するために「根拠資料」が重要であることを説明しました。プレゼンにおける根拠資料としてどのようなものが挙げられるでしょうか。

実際の発表では，発表の様子の撮影を行いました。ここでは撮影した動画を根拠資料として振り返りを行います。しかし，発表動画を見ながら振り返ることは簡単ではありません。どのように発表動画を見返しながら，どのような活動をすればよい振り返りができるでしょうか。

今回は，発表動画を活用しながら次回のプレゼンをよりよいものにできるように，活動を通して振り返ります。

## 本章の達成目標

☐ 動画を活用した「振り返り」の意義を他者に説明することができる。

☐ プレゼンを対象に自身が「よくできた点」「課題が残った点」を正確に
言語化することができる。

☐ プレゼンの成果を根拠に「次回のプレゼン」をよりよいものにするため
の目標設定を行うことができる。

# 1
## 事 前 学 習

(1) 課題 ：プレゼンを振り返る

　みなさんは授業内でプレゼンの活動に力を注いできました。準備が大変だっ
たり，本番では緊張してしまったり，もしくは，よいプレゼンができたと自信
がついたりと，今，さまざまな考え・感情を抱えているのではないかと思いま
す。そのような，今考えていること，感じていることを出発点に振り返ってみ
ましょう。

準備や実際のプレゼンを思い出しながら「よくできた点」「課題が残った点」を ワークシート📝Ⅱ-15-1 に記述してください。それぞれの項目について理由・根拠まで含めるようにしましょう。また，できるだけ多くの観点を書けるようにしっかりと思い出しながら取り組んでみてください。

　ただし，現時点で考えられることでかまいません。授業ではこの 課題 で書いた内容を題材にして，より丁寧な振り返りを行います。印象に残っていることなどを中心に検討しましょう。


# 2
## 授　業

### (1)　活動 ❶：課題 の共有

　授業は，課題 の共有から始めましょう。今回の授業で組むペアは同じグループに所属していた人だとよいでしょう。これまで一緒に準備，練習，本番のプレゼンと進んできた仲間です。コメントがしやすかったり，これまでの活動の背景を踏まえてコメントしたりしてくれるはずです。

　では，お互いに 課題 の内容を共有します。相手の話を聞きながら「確かにあそこはちょっと大変だったよな」「私から見るとよくできていたと思うけどな」というように，一緒に頑張ってきた仲間の視点でコメントをするようにしましょう。

　共有をしてどのようなことを考えましたか。仲間からのコメントと自身で考えていたことの差異を感じた人もいるのではないでしょうか。たとえば，自分では課題が残ったと感じていたが，ペアの仲間から「よく頑張っていたよ」といったコメントがあった人はいませんでしたか。

　振り返りはこの差異に気づくことが重要です。これは，できるだけ客観的な視点をもつということでもあります。プレゼンの後は，どうしても「よくできた」「改善点だと思った」といった印象をより強く覚えているものです。すな

わち，[課題]はそのような印象をベースに取り組まれた結果といえます。

　もちろん，そのような印象をベースに取り組んだ振り返りが正しくなかったり悪かったりするわけではありませんし，改善点であることには間違いありません。[課題]で振り返った点は次回以降にきちんと改善していきましょう。一方で，スポーツ，楽器の演奏などの課外活動において，自身では気づいていないようなことを，チームメイトや仲間，指導している先生・コーチから指摘されて気づいたといった経験がある人も多いのではないでしょうか。この経験からもわかる通り，チームメイトなどの他者は客観的な視点をもって自分に対してコメントをしてくれます。

　しかし，どのような場面でも他者がいるとは限りません。そのため自分自身でできるだけ客観的な視点をもちながら，気づかなかった改善点やよくできた点を発見していくことが重要です。今回は，できるだけ客観的な視点をもつために発表動画を使います。

　発表動画は，冒頭でも紹介した通り根拠資料となり得ます。もう少し具体的な研究を見ていくと，Lin ら（1999）では，動画などの取り組んだプロセスを提示することで振り返りを促進することができると述べられています。これは，発表動画の中の自身を第三者の視点で見ることで，自分自身から見た印象などの影響できるだけ小さくすることが可能であると解釈できそうです。すなわち，発表動画はできるだけ客観的な視点をもつことを支援し，みなさんの振り返りをよりよいものにするツールであるということです。

(2)　[活動]❷：デモ動画を見て他者のプレゼンにコメントする

ではここから，実際に発表動画を活用した振り返りを行います。しかし，いきなり「自身の発表動画を見ながら振り返ってください」といわれても簡単ではありません。どこに着目すればよいのか，自身の発表をどのように分析すればよいかなどを考える必要があります。

　そこで，ここではデモ動画を見ながら考えていきましょう。デモ動画に登場する発表は，内容にも課題がありますし，発表者の発表方法も決してうまくできているわけではありません。みなさんは，これまでの授業でプレゼンに関するさまざまなスキル・知識を学び実践してきました。みなさんの現時点の状態

で，デモ動画を見ながら以下の点を検討し，**ワークシート**📝Ⅱ-**15**-**2**に記入
してみましょう。

**活動❷**：デモ動画を見ながら「改善すべき点」をできるだけ多く記入してく
ださい。プレゼンの構成・内容，方法など，どのような点でもかまいません。箇条書
きで簡潔に記入しましょう。

さて，みなさんどのような内容を記入しましたか。ペアで共有してみましょ
う。ペアで共有すると，お互い多くの改善点を指摘したことがわかったのでは
ないでしょうか。なぜ，みなさんは多くの改善点を指摘できたのでしょうか。
その理由として，以下の2点が考えられます。

第1に，他者に対する指摘はそもそも簡単であるという点が挙げられます。
自身の発表動画の場合は，自分自身が「課題が残った……」「よくできた……」
といった印象や感情をもっているため，それらの影響により客観的にとらえる
ことを難しくしています。一方で，デモ動画に登場した発表者のような他者の
場合は，そのような印象や感情がないためさまざまな点を指摘することができ
ます。また，デモ動画内の発表者とみなさんはとくに接点がなく，完全な他人
であったため，何でも言いやすい状態だったことも影響しているでしょう。

第2に，みなさんがこれまでの授業や発表を通して「知識」としてよいプレ
ゼンテーションの構成・内容や発表の仕方を理解していることが挙げられます。
第1の理由と相まり，これまで学んだ知識をベースに多くの改善点を指摘した
ことでしょう。

一方で，そのような知識がスキルとして定着するためには，より多くのプレ
ゼンテーションを行っては振り返り，行っては振り返りを繰り返すことが重要
です。**活動❷**で「改善すべき点」がまったく思い浮かばなかったという人
はいなかったはずです。知識をスキルとして定着させるためのステップとして，
次の発表では「改善すべき点」をしっかり改善するための努力をし，その後に
丁寧に振り返る必要があります。

(3)　活動 ❸：自身のグループの振り返り

　では，ここからはみなさん自身の発表動画を見ながら振り返っていきましょ
う。振り返りは「できるだけ客観的にとらえる」ことが重要でした。しかしな
がら，発表動画の中の自分を見ただけで客観的な視点になることは困難である
ことは先ほども述べた通りです。

　そこで今回はペアで発表動画を見ながら振り返ります。具体的にどのような
活動をするのかを解説します。ここでは，「振り返る人」と「振り返りを支援
する人（以下，「支援する人」と表記する）」の２つの役割に分かれて実施します。
役割はセッションごとにペアで交代するので，どちらも経験することになりま
す。まず，１セッション目の役割を決めましょう。役割が決まったら以下の流
れで 活動 ❸ に取り組み，ワークシート 📝 Ⅱ-15-3 にメモをとりましょう。

#### 活動 ❸の１セッションの流れ

| | 「振り返る人」の活動 | 「支援する人」の活動 |
|---|---|---|
| 活動 ❸-1：<br>発表動画をペアで<br>視聴 | 自身の発表動画を見ながら，よくできた点や課題が残った点の解説を行う | 「振り返る人」の解説を聞きながら，相槌を打ちメモをとる |
| 活動 ❸-2：<br>発表動画の視聴後 | 「支援する人」からのコメントを聞きながら，改善点を考えメモをとる | 活動 ❸-1でとったメモを中心に「振り返る人」のよくできていた点や改善点をコメントする |

　活動 ❸-1 では，「振り返る人」は自身の発表動画を見ながら解説を行い
ます。発表動画は自身のスマートフォンから見てもかまいませんし，大学の
PC 教室などで授業が行われる場合はモニターに表示させてもかまいません。
発表を行ったときの撮影方法によって変わるので，教員の指示に従って実施し
てください。

　「支援する人」は，黙って見たり聞いたりするのではなく相槌を打ち，メモ
をとります。具体的には次のような流れを参考にしてください。

> A：ここちょっと説明が曖昧だったよね。
> B：確かに。ここちょっと質疑応答で指摘されていたよね。
> A：そうそう。曖昧だなって感じているからか，すごい視線下がっちゃっている。
> B：うんうん。確かに。
> A：それでもなんとか話さなきゃと思って，何とか途切れずに話せたかな。
> B：確かによく頑張ったよね。
> A：でも，次のスライドになってもやっぱり引きずっている感じあるね。

活動 ❸-1 のポイントは，「振り返る人」がしっかりと発話することです。発話する解説の内容は，(1)そのとき感じていたこと，そのとき行ったこと，(2)改めて発表動画を見て気づいたこと，感じたことの2点を中心にしましょう。しかし，それ以外でも「支援する人」に伝えたいことがあれば何でもかまいません。

「支援する人」は，同じ発表を行った仲間なので，それに沿って相槌を打ちましょう。この例では「ここちょっと質疑応答で指摘されていたよね」とありますが，これはまさに同じグループの仲間だからこそ言えることです。一方で，すべての「振り返る人」の発話に細かく答えることはできません。「うんうん」や「確かに」といった簡単な相槌でもよいので，一緒にしっかり発表動画を見ている，そして発話を聞いているという態度を示すようにしましょう。

活動 ❸-2 では，「支援する人」からのフィードバックを行います。(1)解説を聞きながら感じたこと，(2)改めて発表動画を見て気づいたこと，(3)同じグループの仲間として感じていたことなどを中心に，フィードバックコメントを整理してください。そのコメントが正しいか，合っているかということを気にする必要はありません。気づいたことをできるだけ多くコメントするようにしましょう。このとき，「振り返る人」はしっかりとメモをとりましょう。メモの内容が 活動 ❹ や 事後活動 につながります。ここまでが1セッションです。ここからは，役割を交代しもう一度同じ活動を行いましょう。

2セッション行うと 活動 ❸ は終わりです。少し大変な活動だったかと思います。頭の休憩もかねてペアで 活動 ❸ を行った感想を話してみましょう。大変だったこと，新たに気づけたことなどを簡単に共有します。

　それでは，今回の授業の最後の活動です。 活動 ❹ の内容を ワークシート📝
Ⅱ-15-1 に記入しましょう。 活動 ❹ は 活動 ❶ と同じ内容です。今回の
授業を通して，改めて検討をしてみましょう。

活動 ❹：改めて「よくできた点」「課題が残った点」を記述してください。それ
ぞれの項目について理由・根拠まで含めるようにしましょう。


　今回の授業では，プレゼンの振り返りを行い，発表動画をツールとして使い
ました。しかし，振り返りを支援するツール・方法はこれだけではありません
でした。たとえば，自身の発表動画を見ながら「解説」したことも振り返りを
支援する活動の1つです。先ほど紹介した Lin ら（1999）の研究では，活動の
プロセスを説明することで振り返りが促進されるとも述べられています。そし
てもちろん，ペアの相手からのフィードバックコメントをもらうという他者の
力を借りることも振り返りを支援する活動の1つでした。
　ここまでプレゼンの振り返りを行いましたが，これで終わりではありません。
事後学習までが今回の振り返りの一連の活動です。 事後活動 の特徴は「1人
で実施する」ことです。これまで何度も述べた通り，振り返りは簡単ではあり
ません。そこで授業ではさまざまなツール・方法を組み合わせて振り返りを行
いました。しかし，いつも振り返りを支援してくれるツールがあったり，他者
が横にいたりするわけではありません。今回の授業で行った内容そのものも振
り返りつつ，1人で自身のプレゼンを振り返りましょう。


# 3
## 本章のまとめ

　これまでの授業を通して，プレゼンを論理的に構成することや，発表すると
きには適切な話し方や振る舞いがあるということ，そしてそれがどのようなも
のかは多くのみなさんが理解しているはずです。一方で実際のプレゼンでは，
それを「スキル」として発揮することの難しさを感じたのではないでしょうか。

これまで何度も述べてきた通り「知識」として知っていても，それを「スキル」として発揮することは容易ではありません。だからこそ振り返りが重要ですし，できるだけ客観的な視点に立つために発表動画を活用しました。

プレゼンのスキルは，この授業だけで完璧に身につけることはできません。みなさん自身が丁寧に振り返り，次のプレゼンの機会でも精一杯取り組み，また振り返り……を繰り返す必要があります。その過程で，みなさんは少しずつ成長することができます。

まずは，　事後活動　で今回の取り組みをしっかり丁寧に振り返ってください。そのうえで，以降の授業・活動で，どのように取り組むべきかを検討しましょう。これから，みなさんが繰り返し努力し続けることで「スキル」として定着するでしょう。

今，みなさんはその過程にいます。プレゼンが終わって「ホッとした」「乗り切った！」「終わってよかった……」と今はさまざまな考え・感情があると思います。しかし，重要なことは次の活動でどうするか，すなわち，これからの努力です。次回以降も，しっかり頑張って取り組んでください。

# 4
## 事後学習

事後学習は大きく2つの活動で構成されます。次の説明をしっかり確認しながら取り組んでください。

### 事後活動 ❶：自身の成長を確認する

この授業では，「中間プレゼン」「最終プレゼン」の実施が想定されています。まず「中間プレゼン」で自身が発表を行っている動画を見返しましょう。そのうえで，改めて「最終プレゼン」の動画も見返します。みなさんそれぞれが，中間から最終の間で成長したと感じたことが多くあるはずです。ここでは「最も成長したこと」に着目しましょう。中間から最終の間で最も成長したことを1つ取り上げてください。

ワークシート📝 Ⅱ-15-4 には「最も成長したこと」と「なぜそう考えたのか」の理由・根拠を明確に記述してください。発表の内容・構成から方法までどのような内容でもかまいません。ただし、理由・根拠を明確に書くためには「緊張しない」といった心構えや態度のようなものではなく、発表動画から確認が可能なことを検討してみてください。

**事後活動 ❷：目標を設定する**

授業で取り組んだ振り返りと 事後活動 ❶ を踏まえて、次回以降にプレゼンの機会があったときに、実践すること、気をつけて取り組むことなどの目標を3つ設定し、ワークシート📝 Ⅱ-15-4 に記入してください。 事後活動 ❶ 同様に、心構えや態度のようなものではなく、発表の内容・構成、方法に関わるものを推奨します。

また、それぞれの目標を設定した理由も簡潔に書くようにしましょう。

# 5
## 発展的学習

今回はプレゼンをいかに振り返るのかに着目しました。プレゼンはスライドの作成、論理的な構成・内容などレポート作成と共通するようなスキルも必要でした。一方で、人前でいかに振る舞うのかといった話し方や身体動作もポイントの1つでした。これまで、部活動などでのパフォーマンスの改善のためにさまざまな振り返りや取り組みを行ってきた人も多いと思います。そのような過去の活動も踏まえて、みなさん自身に合った振り返りの方法を検討してみてください。

関連する書籍として、スポーツや伝統芸能などの身体技能のパフォーマンスをどのように改善したり、伝承したりするのかについて述べられたものがあります。関心のある方はぜひ目を通してみてください。

さらに学びたい人への文献案内

**生田久美子・北村勝朗**（2011）『わざ言語——感覚の共有を通しての「学び」へ』
慶應義塾大学出版会.


## 本章の参考文献

Lin, Xiaodong, Hmelo, Cindy, Kinzer, Charles K. & Secules, Teresa J.（1999）
"Designing technology to support reflection." *Educational Technology Research
and Development*, 47(3): 43–62.

第 III 部

論証型レポート

第 **16** 章

## 学術文章を書く際の
## 心構えと注意点を知る

　本章では，学術文章およびレポートとは何かについてそれぞれ整理し，作成にあたっての注意点を述べていきます。

　学術文章とは何か，レポートは何かについて，まずはしっかり理解しておきましょう。それが何かがわからないのでは，どのように取り組めばよいかもわかりません。自分が作成すべきはどのような文章なのかを把握するところから，文章作成のプロセスは始まります。

　さらに，学術文章もレポートも，それぞれいくつかのタイプに分けることができます。ですから，授業の課題として示された場合には，どのタイプのレポートなのかをしっかり見極めて取り組む必要があります。求められているものと異なるタイプのレポートを作成してしまったり，あるいはタイプの認識は的確でもその特徴を十分理解していなかったりすると，不適切なレポートを作成することになってしまいます。そのため，課されたのはどのタイプのレポートなのか，そのタイプのレポートの特徴は何かを十分理解しておかなければなりません。

　本書では基本的に論証型レポートの作成を取り上げますが，他のタイプのレポートと比較することで，論証型レポートの特徴がより理解しやすくなるでしょう。本章の内容を踏まえて，適切な論証型レポートを作成するための準備を進めましょう。

## 本章の達成目標

- [ ] 学術文章とは何かを理解し，説明することができる。

- [ ] 大学で課されるレポートとは何かを理解したうえで，いくつかのタイプについてほかとの比較を踏まえながらその特徴を説明することができる。

# 1
## 事 前 学 習

### (1) 学術文章とは？

　みなさんは，学生生活の中で文章を書く機会に何度も遭遇します。すでにさまざまな授業でレポートが課されたのではないでしょうか。それ以外にも，アルバイトに応募するために作成する履歴書で短い文章を書いたという人もいるでしょう。

　その中で，本章で取り上げるのは学術文章です。学術文章とは，科学的根拠や理由に基づいて論理的に展開される学術分野における論文やレポートを意味します。具体的には，授業で課されるレポートや卒業論文，修士論文，博士論文，そして学術論文などがこれにあたります。

　なお，こうした文章を書く技術のことをアカデミック・ライティングと呼ぶこともあり，近年，多くの大学がその能力の育成に取り組んでいます。このテキストもそうした授業で用いることを想定して編集されています。

　学術文章には，分野を問わず，2つの共通の特徴があります。それについて，以下で順に取り上げます。

### (2) 特徴①：わかりやすさ

　1つは「わかりやすさ」です。学術文章は何らかの専門性に基づくため，専

門外の人にとっては非常に難解な内容です。にもかかわらずわかりやすいとはどういうことでしょうか。

　ここでいう「わかりやすさ」とは，読み手が書き手の主張とそこに至るストーリーを理解できるということを意味します。書き手はどのような主張をもっているのか，そうした主張をもつに至った理由とは何か，といったことがわかりやすく説明されていれば，読み手はその文章の内容を理解できるでしょう。もちろん，高度な学術論文を素人が正確に理解することは困難ですが，どのような構成でその学術論文が書かれているのかについては把握できるでしょう。

　構成に限らず，学術文章にはさまざまなルールや作法があります。基本的な「型」があるのでそれに従って書く必要がありますし，表現・表記の仕方や引用などに関するルールもあります。これらも学術文章をわかりやすくするための決まりごとといえるでしょう。

### (3)　特徴②：主張の裏付け

　もう1つの特徴は，「主張が何らかの根拠によって裏づけられている」ということです。学術文章は，自身の主張は妥当であり，なおかつ価値があることを，根拠に基づいて述べるものです。根拠として示されるのが実験結果や調査結果などのデータや先行研究，文献です。こうした根拠を示すことによって，読み手は書き手の主張の妥当性を客観的に検証することが可能になります。こうした検証可能性を示すことが，学術文章では重要なのです。

　客観的な根拠に基づいて主張が行われているということ，それによって主張の妥当性を読み手が検証できるということは，学術文章とは科学的な文章であるということを意味しています。ここでいう科学的というのは，特定の分野に関する話ではありません。検証可能な根拠を示すことで自身の主張の妥当性について周囲が納得できる説明をしようとする態度を指しています。

　あることについて考えたり調べたりするときに，まったく同じ方法でそれを行えば同じ結果にたどり着くという再現性があれば，それは科学的であるといえます。再現されるということは，読み手が検証した結果として妥当であるとの結論を得ることができ，納得できるからです。ですから，ここで述べている

学術文章の特徴とは，言い換えれば「科学的な文章である」ともいえるでしょう。

(4) 　課 題　①：問題のあるレポート例

学術文章とは何かについて大まかなイメージを掴んだところで，2つの課題に取り組みましょう。

まず，みなさんにとって比較的なじみやすい学術文章としてレポートを取り上げます。ワークシート📝 Ⅲ-16-1のレポート例は，学術文章というには問題があります。どのような点が問題だといえるでしょうか。ここまでに述べた内容を踏まえて考え，回答欄に記入してください。

(5) 　課 題　②：学術論文の特徴

今度は，高度な学術文章に実際に目を通してみます。

自分の専門分野の学術論文を検索し，その特徴をワークシート📝 Ⅲ-16-2にまとめてみてください。自分が専門とする内容の学術論文であれば，何が書いてあるのかまったくわからないということはないはずです。なお，学術論文の検索の仕方については，第3章を参考にしてください。

まだ1年生のみなさんの中には，今までの学生生活の中で学術論文をまったく見たことがないという人もいるでしょう。せっかくの機会ですから，専門分野の中でもとくに自分が関心のあるテーマについて学術論文を検索し，ここでの課題に取り組むだけでなく，自分の知識も増やしておきましょう。なお，文章の読み方については，次の第17章で取り上げますので参考にしてください。

# 2 授　業

### (1)　導入：レポートの多様さ

前節では学術文章について取り上げました。本節で取り上げるレポートとは学術文章の1つです。なお，ここでのレポートは，大学において授業の課題などとして課されるものに限定します。

レポートとは，学問的な内容について考えたり調べたりして明らかにした成果を教員に対して述べたものといえます。レポートの中には調べた内容を報告することを目的としたものもあれば，実験結果を報告するものもあります。また，本書で取り上げているような，自分なりの問いを立ててその答えを論証するレポートもあるでしょう。一言でレポートといっても非常に多様なのです。

ここでは大学でよく見られる4つのタイプを紹介します。

### ①　リアクション型レポート

授業に関する質問やコメントを書くレポートです。ミニッツペーパーやコメントカードと呼ばれることもあります。授業時間内あるいは終了後すぐに書いて提出を求められる場合が多く，評価者である教員は学生の授業に対する理解度や参加度を確認するために用います。

### ②　報告型レポート

調査や何らかの活動の過程や成果，反省などを書くもので，評価者である教員はここから学生の活動状況や参加度を把握し，評価します。このタイプのレポートは大学に限ったものではなく，社会人になってからも出張報告などで作成する機会が比較的多いといえます。

### ③　整理型レポート

調査や実験で明らかになったことを整理して述べるレポートです。得られた

表 16-1　感想文，小論文とレポートの違い

| | 感想文 | 小論文 | レポート | | | |
| --- | --- | --- | --- | --- | --- | --- |
| | | | リアクション型 | 報告型 | 整理型 | 論証型 |
| 感想 | ○ | × | × | × | × | × |
| 意見・主張 | △<br>書いてもいい | ○<br>自分なりの意見が必要 | △<br>課題によって異なる | △<br>課題によるが，求められない場合が多い | △<br>課題によるが，求められない場合が多い | ○<br>客観的根拠に基づく主張が必要 |
| 資料 | × | △<br>課題によって異なる | × | △<br>課題によるが，求められない場合が多い | ○<br>調査や実験結果が必要 | ○<br>客観的根拠として示せるだけの資料が必要 |

データを整理して述べるだけのものから，その結果に対する分析やデータの解釈，原因などの考察まで示すものもあります。評価者はこのレポートから調査や実験の内容を把握し，学生が的確に理解して実践できているかを評価します。

④　論証型レポート

客観的根拠に基づく主張を論理的に展開すること，つまり論証することを求められるレポートです。整理型で扱った調査や実験の結果・分析・考察に加え，自分なりの主張を展開することが必要です。基本的な構成としては，まず問いを立て，調査や実験の結果・分析・考察を通じて根拠を積み上げ，問いの答えとなる主張まで論理的に展開することになります。

(2)　感想文や小論文との違い

レポートにはさまざまなタイプがあるということをわかってもらえたでしょうか。いずれも大学生活の中で書く機会があるでしょうから，それぞれの特徴を理解しておいてください。

その一方，レポートではない文章との違いについても理解が必要です。たとえば感想文や小論文とは何が異なるのでしょうか。この違いを整理したのが**表16-1**です。こちらも確認して，相違点を把握しておいてください。

### (3) 活動 ❶：課題 ①の共有

レポートの特徴を把握したところで，課題 ①について，ペアで問題点を報告し合いましょう。2人とも指摘した点もあれば，どちらか一方のみの点もあったのではないでしょうか。とくに一方だけが指摘した点については，それが本当に問題だといえるのか，何が問題なのかについて話し合い，ペアとしての考えをまとめましょう。

### (4) 活動 ❷：課題 ②の共有

今度は課題 ②の確認です。それぞれにまとめた特徴を報告し合いましょう。ペアの報告内容については**ワークシート** III-16-2にメモしながら聴いてください。そして，報告し終わったら**ワークシート**を見直し，共通点を整理してみましょう。分野が異なっても学術論文には一定の共通性が見られることがわかると思います。

### (5) レポートのオリジナリティ

学術論文の共通点として必ずあるのがオリジナリティです。活動 ❷で共有できたかもしれませんが，専門分野に関する学問的な知識がないと，どの部分がオリジナルなのか，判断できないかもしれませんね。

学問は，他者による研究の成果や調査結果を踏まえつつ，それを批判的に検討したり，それに新たな知見を付け加えたりすることを通じて発展してきたものです。誰の成果にも頼らず自分だけで研究成果を挙げることはできません。オリジナリティというのは決して誰にも頼らず何か新しいものを生みだすということではありません。他者の研究成果や調査結果を活用しながら，自分の考えや調査結果を示す中で現れてくるものです。このことは，学術論文だけではなく，授業で課されるレポートでも同様です。

そういわれても，まだ研究活動についてほとんど学んでいないみなさんには，

オリジナリティをどう出せばよいのかわかりませんよね。ただ，大学に入学したばかりの１年生がいきなり世紀の大発見をするのは不可能だということはわかるのではないでしょうか。だとすれば，何をどうすることでオリジナリティが出せるのかを知る必要があります。

　オリジナリティの出し方としては，たとえば以下のような方法があります。みなさんがレポートを作成する際の参考にしてください。いずれの方法においても他者による先行研究の成果や調査結果に基づいています。そうした成果や結果をどのように用いるかというと，キーワードとなるのは「根拠」です。

> ● 他者が示した考えに根拠を与える
> ● 他者が行った研究成果や調査結果を根拠として，新たな考えを示す
> ● 複数の考えの間に関連があるという根拠を与える
> ● 他者の考えの合理性を否定する根拠を示す

# 3
## 本章のまとめ

　本章では，学術文章とは何か，レポートとは何かを取り上げ，こうした文章は一定の型や特徴があり，それに基づいて作成する必要があることを述べてきました。授業でレポート課題が課される際には，本章で整理したようなレポートのタイプが示されるわけではないので，各課題において何が求められているのかを自分で把握することが必要になります。執筆要項などがある場合には，

きちんと確認してから執筆を始めましょう。

　学術文章というと，大学の授業では重要なものかもしれないけれどそれ以外の場では関係のないものと思ってしまうかもしれません。しかし，本章冒頭で述べたように，学術文章とはわかりやすい文章ですから，それが適切に書ける能力が身につけば社会生活においても活かせるでしょう。大学生の間だけでも奨学金や留学の申請書などがありますし，社会に出てからでも，先に述べた出張報告のほか，子どもの幼稚園の入学願書など，文章を書く機会は多々あります。

　本書では，レポートの中でもとくに難易度の高い論証型レポートを取り上げています。これが適切に書けるようになるということは，今後すべての文章作成の基礎を身につけたも同然です。書き方を理解して何度も実践してスキルを高めていきましょう。

# 4
## 事 後 学 習

　論証型レポートとの違いを意識しながら，以下の要件に基づき，リアクション型レポートを作成してみましょう。

---

- ● 本章の内容に関する質問とその質問に関する自分なりの考え・予測を書く
- ● 質問の数，字数は問わない
- ● 提出期限，提出方法は教員の指示に従う

---

# 5
## 発展的学習

　論証型レポートとの違いを意識しながら，報告型レポートや整理型レポートを作成してみましょう。

また，他の授業でレポート作成の機会がある場合は，どのタイプのレポートなのかを意識して作成に臨みましょう。

さらに学びたい人への文献案内

**近藤裕子・由井恭子・春日美穂**（2019）『**失敗から学ぶ大学生のレポート作成法**』 ひつじ書房.

名古屋大学生のためのアカデミック・スキルズ・ガイド「アカデミック・ライティング① レポートの類型と作成プロセスを知る」https://www.cshe. nagoya-u.ac.jp/asg/writing01.html ［2022 年 10 月 4 日閲覧］.

Column **6**

## あなたの課題提出を妨害する
## 何者かとたたかう方法

　さんざん苦労して書き上げたレポート。推敲もすませて，あとは提出するだけだ。そうなったときによく起きるのが，パソコン（PC）やネット接続，プリンタなどのトラブルです。これは，いつでも，誰にでも，何度でも襲いかかってくる可能性があります。しかも，重要な課題のときほど。この世界のどこかに，あなたの課題提出を妨害する何者かが存在しているかのように……。そういう「妨害者」とたたかうための方法をいくつか以下に示します。

(1)　**データの消失に備える**──少なくとも３カ所以上にバックアップしよう
　電子ファイルは少なくとも３カ所以上に保存しましょう。保存先として次の候補があります。
　　①クラウドストレージ[1]
　　② PC 本体の内蔵ドライブ
　　③外付け HDD・SSD ドライブ
　推奨する保存方法の１つは，執筆作業とその原本の保存を①で行い，作業に区切りがつくタイミングでその都度，原本のコピーを②③にバックアップするという方法です[2]。なお，USB メモリは，ファイルを保存するためのものではなく，ファイルを他者に受け渡しするためのものです。USB メモリは壊れやすく，また，紛失しやすいので，ファイル保存のために使うことは避けるべきです。
　また，④紙にプリントアウトするのも非常に有効です。実は，私たちに身近な文書保存方法の中で滅失する可能性が低いものの１つが紙なのです。デジタル面で問題が生じても，紙さえ残っていれば，手書きで書き直して提出し，最悪の事態（＝課題未提出）を防ぐことができます。まさに神。できるだけ頻繁にプリントアウトしておきましょう。

---

1　Microsoft OneDrive，Google Drive や Dropbox が有名です。
2　この原則を守らないと，内容が似たようなファイルがいくつもできることになってしまい，どれが正確な原本か，わからなくなってしまいます。

### ⑵　PC 等の故障に備える
　　　——身近にある PC 設備やネット環境をチェックしておこう

　機器も回線も，肝心なときほど壊れます。いざというときのために，身近にある PC 設備やネット環境をチェックしておきましょう。たとえば，情報教室の利用日時や設備の使い方，大学の Wi-Fi の接続方法を確認しておくとよいでしょう。学外であれば，コンビニエンスストア等のフリー Wi-Fi やコピー機も緊急時に代替できるかもしれません。いざというときも冷静に動けるよう，チェックしておきましょう。

### ⑶　プリントアウトに備える——消耗品をストックしておこう

　紙媒体で提出する場合，紙や，プリンタのインク，ホチキスの針，紙をまとめるファイルなどが必要になります。これらは消耗品です。提出の直前で切れると最悪です。十分にストックしておきましょう。

### ⑷　余裕をもって完成させる[3]

　そして，一番大切なことは，余裕をもって完成させるということです。トラブルが起きても，時間に余裕があれば，なんとかリカバリーできます。何事も，はやめを心がけましょう。

---

3　卒業論文など長期間にわたって取り組むものは，途中の段階でそのファイルをメールに添付して教員に送り，指導をお願いするのも 1 つの方法です。教員にメールで送っておけば，その段階までのものが自分のメールソフトと教員のメールソフトに残ることになります。万一，保存しておいたファイルが壊れても，その添付ファイルを利用してリカバリーできる可能性があります。

# 第17章

## 文章を読み，正確に理解する

　本章では，学術場面における文章の読み方の基礎を学びます。

　どの学部であっても，「読む力」は必要不可欠です。教科書を読む，資料を読む，先行研究を読む……。学びは，「読む」ことから始まるといっても過言ではありません。

　「読解なら高校までの国語でやってきたよ」と思う人もいるかもしれません。たしかに，一般的な文章ならば，高校までに習ってきた国語の力で難なく読めるでしょう。しかしこれからは，専門書や論文などの学術的な文章を，学術場面に適した読み方で読んでいかなければなりません。ここにはコツが必要であり，「ただ読めばよい」というものではないのです。

　本章ではまず，文章を正確に読解し，筆者が伝えたいことを読み取るスキルを身につけます。そして，読解の先にある「要約」をトレーニングします。他者の文章を引用したり，批判したりするには，正確に読み込んだうえで，その要点を自分のことばで説明できなければいけません。なお本章においては，一般的な構造の文章だけでなく，学術文章に特有の「パラグラフ」という構造をもつ文章についても読解の練習をします。

　読む基礎力を身につけ，大学でのあらゆる学びに活かしていきましょう。

## 本章の達成目標

- [ ] 他者の文章を，正確に読解できるようになる。

- [ ] 他者の文章を読み，要点をまとめられるようになる。

- [ ] パラグラフについて理解し，読解できるようになる。

# 1
## 事 前 学 習

### (1) 正確に読み取る

　他者の文章を扱う際は，その筆者が伝えようとしていることを丁寧に読み取りましょう。「面倒くさいから」と読解を怠ったり，「こう解釈したほうが自分にとって都合がよいから」と勝手な読み方をしたりしてはいけません。不正確な読解は，誤解を生み，研究を間違った方向に向かわせる危険性をはらみます。また，不正確な読解に基づいて不正確な引用や批判をしてしまえば，改ざんや捏造など研究倫理に抵触する可能性もあります（第7章を参照）。

　それでは，他者の文章を正確に読み取るには，どうすればよいのでしょうか。

　まずは，その文献の全体を通して読み，概要を理解します。「ここしか引用しないから」「ここしか興味がないから」と部分読みで終わると，誤解や間違いの原因になります。まずは全体を把握しましょう。

　全体を把握したら「キー・センテンス」を見つけましょう。キー・センテンスとは，筆者の主張が述べられた文のことです。キー・センテンスを見つける際には，次のようなところに着目するとよいでしょう。

> ● キーワードが複数入っている文
> ● 反復や言い換えがなされている文
> ● 接続詞の後ろ

　キーワードは，その文章にとって重要なポイントとなる単語です。そのキーワードが入っている文は，キー・センテンスである可能性が高いと考えられます。キーワードは，論文によっては冒頭にリストとして挙げられていますので，その情報をもとに拾っていくとよいでしょう。キーワードが挙げられていない場合は，自分でキーワードを抽出しましょう。タイトルに入っている単語や，本文で何度も使われている単語に注目すると，抽出しやすいでしょう。

　反復や言い換えがなされている文も，キー・センテンスである可能性が高いと考えられます。また，接続詞の後ろもチェックしましょう。接続詞とは，文と文をつなぐためのことばであり，「しかし」（逆説），「すなわち」（言い換え），「ゆえに」（理由）等があります。接続詞の後ろでは論理展開がなされますので，筆者のいいたいことが置かれる可能性が高いと考えられます（第19章も参照）。

　キー・センテンスを見つけ，正確に読み取ることを心がけてください。

## (2)　読み取った要点をまとめる：要約

　他者の文章から知識を得て，それを紹介したり（間接引用），批判したりするというのは，どの分野の研究においても必要なステップになります。

　間接引用や批判をするにあたっては，他者の文章を正確に読み込むだけでなく，その要点を自身でまとめ，正確に説明しなければなりません。

　本章では一般に「要約」と呼ばれるスキルを身につけることで，文章の要点をまとめるトレーニングをします。

　要約をする際のコツは，次の3つのステップを踏むことです。

【要約のステップ】

> ❶ 文献を通して読み，概要を理解する
> ❷ キー・センテンスを見つける
> ❸ キー・センテンスをつなぎながら簡潔にまとめる

　ステップ❶❷は前項までに説明したので，以下では❸について述べます。

　間接引用や批判をする際には，その筆者が伝えたいことを，簡潔かつ誤解の
ない形で自分の文章に反映させます。その方法としては，先述のキー・センテ
ンスを抜粋しつつ，それらを齟齬がないようにつなげるというのがシンプルか
つ穏当です。なお，簡潔にまとめるという点においては，次のテクニックも参
考にするとよいでしょう。

【簡潔にまとめる際のポイント】

> ● 似た表現は 1 つにまとめる
> ● 具体例・修飾部分・引用部分などはカットする
> ● 全体の流れを見失わないようにまとめる

　文章を正確に理解し，それを自分のことばで要約できるようになってはじめ
て，正確な引用や有意義な批判をすることができます。上記のポイントをおさ
えて，読解と要約のスキルを身につけましょう。

(3) 課題 ①：読解に関する基礎知識を確認しよう

　ワークシート📝 Ⅲ−17−1 に取り組みます。正確な読解の基礎知識が身に
ついているか確認しましょう。

(4) 課題 ②：読解と要約の練習問題を解こう

　ワークシート📝 Ⅲ−17−2 に取り組みます。筆者が伝えたいことを正確に
読み取り，その要点をまとめましょう。また，第4章を復習しながら，問題文
に対して批判を展開してみましょう。

# 2
# 授　業

(1) 　活動　❶：基礎知識に関する事前学習をペアで確認しよう

　ワークシート📝 Ⅲ-1フ-1 をペアで交換し，チェックし合いましょう。違うところがあれば，意見を交換し議論しましょう。

(2) 　活動　❷：事前学習の読解と要約の内容をペアで確認しよう

　ワークシート📝 Ⅲ-1フ-2 をペアで交換し，チェックし合いましょう。お互いの記述で気になるところは，意見を交換し議論しましょう。

## (3) パラグラフに出会ったら

　文章には，「パラグラフ」という特殊な構造で書かれたものがあります。本章では，読解の応用編として，パラグラフ構造の文章に出会ったときの読解法を身につけます。

### ✎ パラグラフとは

　パラグラフは一見，1つの形式段落に見えますが，一般的な形式段落と異なる点が多々あります。まずは見比べてみましょう。例Aは，一般的な形式段落，例Bは，パラグラフで書かれた形式段落です。どこがどう違うでしょうか？

**【例A：一般的な形式段落】**

> 　田中さんは，キャベツをかごに入れた。それから，ジャガイモ，玉葱，合挽肉，卵，小麦粉，パン粉をかごに入れた。パン粉については揚げ物の衣，小麦粉と卵についてはバッター液であろうと推察される。ジャガイモ，合挽肉，玉葱は，コロッケの定番の材料である。田中さんの今夜の晩御飯は，コロッケなのであろう。キャベツについては，コロッケの材料ではないものの，添え野菜として購入するものと考えられる。

**【例Ｂ：パラグラフで書かれた形式段落】**

　　田中さんがかごに入れた材料から，田中さんの今夜の晩御飯はコロッケ
であろうと推察される。第１に，ジャガイモ，合挽肉，玉葱を入れている。
これらは，コロッケの定番の材料である。第２に，パン粉，小麦粉，卵を
入れている。パン粉は揚げ物の衣，小麦粉と卵はバッター液の材料となる。
その他キャベツも入れているが，これは添え野菜だと考えられる。以上の
点から，田中さんは，コロッケを作ると考えられる。

　　パラグラフとは「１つのトピックを説明した文の集まり」（倉島 2012, p.29）
です。その内部には特定の要素と構造があります。

　　まず，パラグラフは基本的に，次の３つの要素で構成されます。

**【パラグラフの３要素】**

- トピック・センテンス：パラグラフの主張を提示する文
- サポーティング・センテンス：主張を支える根拠や補足
- コンクルーディング・センテンス：パラグラフの結論

　　トピック・センテンスは，そのパラグラフで最もいいたい主張を提示する文
であり，パラグラフの骨子となるものです。サポーティング・センテンスは，
その主張をサポートするために，根拠や補足情報など，詳細な説明を加える文
です。コンクルーディング・センテンスは，パラグラフの内容を総括する結論
を述べる文です。結論は主張と重なる部分が多いため，コンクルーディング・
センテンスの多くは，トピック・センテンスの言い換えに相当します。

　　先の**例Ｂ**について，各文の対応を示すと，次の通りです。

【例Bの構成】

主張

①田中さんがかごに入れた材料から，田中さんの今夜の晩御飯はコロッケであろうと推察される。②第1に，ジャガイモ，合挽肉，玉葱を入れている。③これらは，コロッケの定番の材料である。④第2に，パン粉，小麦粉，卵を入れている。⑤パン粉は揚げ物の衣，小麦粉と卵はバッター液のとなる。⑥その他キャベツも入れているが，これは添え野菜だと考えられる。⑦以上の点から，田中さんは，コロッケを作ると考えられる。

根拠
補足

結論

それでは，読解をしてみましょう。

まずこのパラグラフで筆者が最もいいたいことは，①「田中さんがかごに入れた材料から，田中さんの今夜の晩御飯はコロッケであろうと推察される」ですね。つまりこの①が，トピック・センテンスにあたるものです。

そして，主張の根拠（なぜコロッケだと推察されるのか）が，②〜⑥で説明されています。つまり②〜⑥が，サポーティング・センテンスにあたります。

最後に⑦において，総括となる結論が述べられています。つまりこの⑦が，コンクルーディング・センテンスにあたるものです。先ほど述べたように，結論と主張は重なることが多いため，コンクルーディング・センテンスはトピック・センテンスの言い換えに相当します。

続いて，この文章の構造を見てみましょう。この例Bを見てわかるように，典型的なパラグラフは，トピック→サポーティング→コンクルーディングの順番で書かれます。最初に一番いいたいトピック・センテンスを提示し，次に根拠や情報を補足するサポーティング・センテンスがきて，最後に結論となるコンクルーディング・センテンス（主張の言い換え）で締めくくります。いいたいことを先に提示するこの構造は，トップダウンと呼ばれます。

ちなみにこのパラグラフ構造は，主張の間に根拠を挟んでいることから，よくハンバーガーにたとえられます。

トピック・センテンス

サポーティング・センテンス

コンクルーティング・
センテンス

### ⑷　パラグラフの読み方

　実は，パラグラフの読解は簡単です。ここまでに学んだように，トピック・センテンスは，そのパラグラフで筆者が最もいいたいことです。つまりこのトピック・センテンスが，そのままキー・センテンスになります。そして，そのトピック・センテンスは基本的に，各パラグラフの冒頭に書かれます。つまり，パラグラフの頭をつないで読んでいけば，各パラグラフの要点をスムーズに把握することができます。[1]パラグラフの読み方は，文章を理解するうえで有効ですので，マスターしておきましょう。

### ⑸　活動❸：パラグラフに関する基礎知識を確認しよう

　ワークシート📝 Ⅲ−17−3 に取り組みましょう。パラグラフとはどのようなものなのかを理解できているか，確認してください。
　終わったら，ペアで交換し，チェックし合いましょう。お互いの記述で気になるところは，意見を交換し議論しましょう。

### ⑹　活動❹：パラグラフの文章を読解し，要約と批判の練習をしよう

　ワークシート📝 Ⅲ−17−4 に取り組みます。筆者が伝えたいことを正確に読み取り，その要点をまとめましょう。また，第4章を復習しながら，問題文に対して批判を展開してみましょう。

---

1　ただし，パラグラフの中でセンテンスの位置が前後することもありますので，機械的な拾い読みに終始することなく，常に丁寧な読解を心がけましょう。

# 3
## 本章のまとめ

　正確に読み込む力，要点をまとめる力は，どの分野においても必要です。初年次の段階から多くの文章に触れ，読む練習をして，自分の力にしていきましょう。

# 4
## 事 後 学 習

　興味のある論文を1つ見つけ，読解し，要約してみましょう。
　要約の文字数は，担当の教員からとくに指示がなければ200字程度でまとめましょう。指示があれば，クラスの方針に従ってください。

# 5
## 発展的学習

　興味のある書籍を読解し，要約してみましょう。ページ数が多い場合は，興味のある章あるいは節を抜粋して取り組んでください。要約の文字数は，担当の教員からとくに指示がなければ200字程度でまとめましょう。指示があればクラスの方針に従ってください。

さらに学びたい人への文献案内

福澤一吉監修，株式会社学研プラス科学コミュニケーション編集チーム（2016）
「パラグラフ構造とは何か」『クリティカル・シンキングで始める論文読解』
https://hakase-compass.jst.go.jp/e-learning-contents/46-900/lesson/lesson4-1.
html〔2022 年 6 月 18 日閲覧〕.

 **本章の参考文献**

倉島保美（2012）『論理が伝わる世界標準の「書く技術」——「パラグラフライティン
　グ」入門』講談社 .

桑田てるみ・江竜珠緒・押木和子・勝亦あき子・松田ユリ子（2015）『学生のレポー
　ト・論文作成トレーニング——スキルを学ぶ 21 のワーク〔改訂版〕』実教出版 .

第 **18** 章

# レポートにふさわしい 形式と表現で書く

## テーマの概要

　この章では，レポートの書き方について，形式と表現を学びます。

　「たかが書き方」と思うかもしれません。しかし，同じ内容を扱っていても，書き方が違えば，読み手に与える印象や説得力は大きく変わります。自分の考えを正確かつ説得的に伝えるためにも，適切な書き方を身につける必要があります。

　本章ではまず，レポートの形式に関する基本的なルールを学びます。具体的には，体裁の整え方を身につけるとともに，書き言葉を基盤とした文章スタイル（文体）で書くことができるようトレーニングします。次に，レポートにふさわしい文章表現を学びます。必要十分な情報を過不足なく読み手に伝えるために，具体的で，明確で，客観的な表現を身につけます。

## 本章の達成目標

　　　　レポートの基本的なルールに基づいて文章を書くことができる。

☐ 書き言葉で文章を書くことができる。

☐ 具体性，簡潔性，明確性，客観性のある文章を書くことができる。

# 1
## 事 前 学 習

### (1) レポートの形式

「本節では，レポートの形式について学びます」というと「文章は形より中身だ！」と反応する人もいるかもしれません。いわずもがな，中身は大事です。しかし，その中身を正確かつ効果的に読み手に伝えるには，形式もおろそかにしてはいけないのです。

試しに，次の例を見比べてみてください。AさんとBさんは，ペアワークで少子高齢化問題について一緒に調べ，その後それぞれレポートを執筆しました。同じ調査結果について報告しているはずですが……。あなたはどう評価しますか。

**【Aさんのレポート】**

> 私は少子好例化問題についてとりあげたいと思いますが，厚生労働省のデータ調べて，とっても申告な状況で，このままだとやばいことになるから，もっと出生率を上げために，何とかしなければいけないなと思いました。

**【Bさんのレポート】**

> 本レポートでは，少子高齢化問題についてとりあげる。厚生労働省の『令和2年版高齢社会白書』によると，日本の高齢化率は28.4％である。これは，「世界で最も高い高齢化率」（第1章第1節）である。今後一層，子育て支援を充実させる等，出生率向上への取り組みが必要である。

書き方が不適切だと，印象や説得力が損なわれたり，内容が正確に伝わらな

かったりとさまざまな支障が生じます。レポートを執筆する際には，最低限，次の2点に気をつけましょう。

① 体裁を整える
② 文体は書き言葉

### ① 体裁を整える

体裁を整えるのは，基本中の基本です。具体的には次の点に気をつけます。

❶ 誤字脱字をしない
❷ 段落の先頭は1字下げる
❸ 指示された書式を遵守する（執筆要項やフォーマットがある場合）

#### ❶ 誤字脱字をしない

誤字脱字があると，誤解が生じて肝心の中身が伝わらない可能性があります。また，誤字脱字によって文章に違和感が生じると，そのたびにつっかかってしまい，スムーズに読めません。みなさんは，Aさんの文章を読んだときにモヤモヤしませんでしたか？　Aさんの文章には，次の誤字脱字がありました。

「好例化」（○高齢化）／「データ調べて」（助詞「を」の脱字）／「申告な」（○深刻な）／「上げため」（脱字。上げるため）。

誤字脱字は，読み手にとって不快なノイズであり負担です。中身をよりよい形で伝えたいならば，読み手への配慮として，体裁を整えましょう。

#### ❷ 段落の先頭は1字下げる

段落（パラグラフ）の先頭を1字下げるのも，読み手への配慮につながります。段落（パラグラフ）の境界を，視覚的に明示することで「ここから内容が変わりますよ」ということが読み手にはっきりと伝わります。これによって読み手は，書き手の意図や内容を，より正確に読み取ることができます。

#### ❸ 指示された書式を遵守する（執筆要項やフォーマットがある場合）

提出先によっては，執筆要項や指定のフォーマット等で書式が指示されることもあります。指示が出された場合は，必ずその内容をチェックし，守るよう

にしましょう（巻末資料：レポート執筆要項例を参照）。

### ② 文体は書き言葉

文体（スタイル）は，最もフォーマルな書き言葉を選択します。

日本語のスタイルには大きく2つ，「話し言葉」と「書き言葉」があります。現代日本語における二者の差は比較的大きく，たとえば次のような違いがあります。

---

- **話し言葉**：調べたら，日本の少子高齢化問題めっちゃヤバかった。
- **書き言葉**：調査した結果，日本の少子高齢化問題は，非常に深刻であった。

---

一般に，カジュアルな場面では話し言葉，フォーマルな場面では書き言葉が用いられます。カジュアルさ／フォーマルさの度合いに応じて言葉を使い分けるというのは，高校までの学習でも身につけてきたところだと思います。たとえば，「程度が大きい」ということを表す以下の3語では，左ほどカジュアルな話し言葉，右ほどフォーマルな書き言葉です。

とっても　≪　とても　≪　非常に

カジュアル　　　　　　　フォーマル
話し言葉　　　　　　　　書き言葉

アカデミックな世界で用いられる文章では，書きことば（最もフォーマルなもの）を選択します。上の例でいうと，「非常に」を選びます。

ここで先のAさんの文章を見ると，カジュアルな「とっても」を使っています。他にも話し言葉を多用しており（やばい，〜から，もっと，〜な）学術場面に適さない文章になってしまっています。

場面に応じて言葉を使い分けるスキルは，大学生活や社会生活のマナーとしても必要になります。**表18-1**に，一部ではありますが，レポートでよく使う表現を抜粋し，話し言葉と書き言葉の対応を示しておきます。

## 表 18-1  話し言葉と書き言葉の対応表

| 話し言葉 | 書き言葉 |
|---|---|
| こんな，そんな，あんな，どんな | このような，そのような，あのような，どのような |
| どっち | どちら，いずれ |
| 一番 | 最も |
| とっても，とても，すごく，めっちゃ，かなり，超 | 非常に，きわめて，大変 |
| いっぱい，たくさん | 数多く，多く |
| もっと | 一層，より，更に |
| ちゃんと | 適切に |
| 多分 | おそらく |
| ちょっと | 少し，やや，多少 |
| ほとんど | ほぼ |
| わりと | 比較的 |
| だんだん | 次第に，徐々に |
| いつも | 常に |
| いろんな | さまざまな |
| だって | なぜなら |
| なのに | にもかかわらず |
| なんで，どうして | なぜ |
| でも，だけど | しかし，しかしながら，だが |
| だって | なぜなら |
| じゃあ | それでは，では |
| あと | また |
| だったら | であれば，ならば |
| だから，なので，なんで | したがって，よって，そのため |
| ～（し）ないで | ～せずに |
| ～（し）ていて | ～（し）ており |
| ～（し）ちゃう | ～（し）てしまう |
| ～だなんて | ～だとは |
| ～じゃない | ～ではない |
| ～なんだ | ～なのだ，なのである |
| ～です，ます | ～だ，である |
| ～ばっかり | ～ばかり |
| ～くらい | ～ほど |
| ～みたいに | ～ように |
| ～っていう | ～という |
| ＡとかＢとか | ＡやＢ等 |
| おもしろい | 興味深い |
| やる | 行う |
| 見れる，食べれる（ら抜き言葉） | 見られる，食べられる |
| やばい | （話し言葉の「やばい」はさまざまな意味で用いられるので，その文脈に応じた適切な語に言い換える） |
| （この事故やばい） | 重大である，深刻である |
| （あいつ包丁持っててやばい） | 危険である |
| （この絵きれいすぎてやばい） | 非常に優れている |
| （このお肉ジューシーでやばい） | 美味である　　　　　　　　　　等々 |

(2) 【課題】①：レポートにふさわしい形式を理解しよう

ワークシート📝Ⅲ-18-1の練習問題に取り組みましょう。レポートにふさわしい形式について理解できているか，確認してください。

(3) 【課題】②：レポートにふさわしい形式で書いてみよう

ワークシート📝Ⅲ-18-2に取り組みましょう。自身の出身都道府県の魅力について，300字程度の文を，レポートにふさわしい形式で書いてみましょう。

# 2
## 授　業

(1) 【活動】❶：【課題】①の共有

ワークシート📝Ⅲ-18-1をペアで交換し，お互いの意見を共有してください。意見が違うところがあれば，議論をして考えをすりあわせましょう。

(2) **レポートにふさわしい文章表現**

本節では，レポートの表現について学びます。レポートにおいては，わかりやすい表現，説得力のある表現が求められます。わかりやすく説得力のある文章表現を実現するには，具体性・簡潔性・明確性・客観性がポイントになります。

① **具 体 性**

レポートや論文では，内容を具体的に記述しましょう。

ここで再びAさんのレポートを見てみましょう。Aさんの結論は「何とかしなければいけない」の部分だと考えられますが，何をどうすべきなのか，そのために何をする必要があるのか，具体的内容がまったく書かれていません。「何とかしなければいけない」というのは，一見するともっともらしい文言ですが，レポートとしては何もいっていないのと同じです。その点，Bさんは，

出生率を向上させるべきであること，そのために子育て支援を充実させる等の取り組みが必要であることなどを記述しており，具体性があります。

このように，レポートは，具体的に書くということを心がけてください。

### ② 簡 潔 性

1文は，できるだけ簡潔に区切ります。ここでまた，Aさんのレポートを見てみましょう。Aさんの文章は，1つの句点（。）に至るまでに3行以上あり，冗長で読みにくい文章になっています。簡潔でわかりやすい文章を書くよう心がけましょう。

なお，冗長な文章は，③に問題として挙げる「曖昧さ」や「複数解釈」を生じさせる可能性もあるため，明確性の観点からも注意が必要です。

### ③ 明 確 性

レポートを書くときは，はっきりと明確に表現することを心がけます。曖昧な部分を残したり，複数解釈が生じたりしないようにしましょう。テクニックとしては，次の2点に注意をします。

❶ 文の要素を明示する（とくに読点で文をつなげるとき）
❷ 名詞修飾はできるだけ重ねない

||| ❶ 文の要素を明示する（とくに読点で文をつなげるとき） |||

文の要素（誰が〈主語〉，何を〈目的語〉，どうした〈述語〉等）は，曖昧にならないよう，はっきりと示しましょう。

とくに注意してほしいのは，読点（, ）で文章をつなぐときです。なぜなら，読点を境にして主語や目的語がねじれてしまうことが多々あるからです。たとえば文章初心者によくあるミスとして，次のような例が挙げられます。この例では，水面下の主語が，読点を境にどんどん変わってしまっています。

> 例　「高齢化率を調査したら，28.4％であり，深刻であった。」
> 　　筆者が　　　　　　　高齢化率は　　日本の高齢化問題は

文の要素を曖昧にすることは，誤読をまねくことにもつながります。このような ミスを防ぐためにはまず，② で学んだように文を簡潔に区切ることが有効です。1 文を簡潔に区切ることで，要素を整理しやすくなります。簡潔に文を区切ったら，その文ごとに，要素を明示するよう心がけます。

> **修正例**　「筆者が高齢化率の調査を行った結果，高齢化率は 28.4％であった。日本の高齢化問題は，深刻な状況である。」

### ❷ 名詞修飾はできるだけ重ねない

　名詞修飾を重ねると，複数解釈が起こりやすくなるので，気をつけます。名詞とは「犬，本，山」のように事物を指し示す語です。名詞修飾は，その名詞に説明を加える部分であり，たとえば「泳ぐのが得意な犬」「太郎の犬」の下線部が該当します。

　この名詞修飾自体は問題ないのですが，これをいくつも重ねてしまうと，複数の解釈が起こりやすくなってしまいます。たとえば，次の文章において，野球が得意なのは誰でしょうか。

> **例**　野球が得意な太郎のお兄さんは体育教師だ。

　修飾が重なったことで，文章が複雑になってしまったため，野球が得意なのが太郎なのか，太郎のお兄さんなのか，わからない文章になっています。このような複数解釈を避けるためには，やはり ② で学んだように，文を簡潔に区切ることが有効です。文を簡潔に区切ったうえで，できるだけシンプルな文章にします。

> **修正例**　太郎は野球が得意である。彼のお兄さんは，体育教師である。
> or
> 太郎のお兄さんは，体育教師であり，野球が得意である。

### ④　客観性（脱主観）

　まず，以下の例を見比べてみましょう。2つの例は，内容は同じですが，前者は主観（私はこう感じた），後者は客観（実験結果は示している）で書かれてい

ます。レポートとして，どちらがよりふさわしいでしょうか。

> 例a　この実験結果から，私は説Aが正しいと感じました。
> 例b　この実験結果は，説Aが正しいということを示している。

　レポートとして見たとき，例a は望ましくない表現とされます。なぜなら，学術の場において，個人の感想＝主観は説得力をもたないからです。よって文章の表現としても，例b のようにできるだけ主観を排除し，客観的であることを心がけます。

　文章から主観を排除するテクニックとしては，次のものがあります。

　❶ 一人称（私）を使わない

　❷ 基本的に，思考や感想を表す動詞を使わない

　❸ 述語を敬語や丁寧語にしない

### ❶ 一人称（私）を使わない

　文章から主観を排除するためにはまず，主観の主体である一人称（私）を使わないことです。方法としては次の例のように，物事を主語等にします。

　● 物事を主語等にする：実験結果，調査等

> 例　この実験結果は，説Aが正しいことを示している。

どうしても自身のことに言及したいときは，原稿や立場を代用します。

　● 原稿を主語等にする：本稿，本レポート，本報告書等

> 例　「本稿は，少子高齢化問題について言及する。」

　● 立場を主語等にする：筆者，執筆者，申請者，報告者等

> 例　「このデータの被験者は，筆者の両親である。」

### ❷ 基本的に，思考や感想を表す動詞を使わない

　「個人の感想」という表現にしないためには，思考を表す動詞（思う，考える等）や，感想を表す動詞（感じた）をできるだけ使わないようにします。

　ただ，レポートも論文も考察を伴うものなので，思考動詞を使いたいという

文脈もありえます。その場合は，「AはBだと考えられる」のように，「～られる」の形で使用することで，主観を下げることもできます。たとえば次の 例c は，「私がこう考える」という主観表現になっていますが，例d は「一般的にこうだと考えられる」という合理的判断を述べる客観表現になっています。

例c 説Aが正しいと考える。

例d 説Aが正しいと考えられる。

### ❸ 述語を敬語や丁寧語にしない

敬語や丁寧語（です・ます等）というのは，語り手が相手に話しかけるときに使われるものです。つまりこれらを使用することにより，語り手の存在感が出てしまい，主観的表現になってしまいます。

語り手が話しかけるような文章にしないためには，述語を「だ・である体」で統一するとよいでしょう。

(3) 活動 ❷：レポートにふさわしい表現に推敲しよう

ワークシート III-18-2 に書いた自身の文章を見直し，レポートの形式になっているかを再確認しつつ，レポートとしてふさわしい表現に推敲しましょう。

終わったら，ペアでワークシートを交換し，チェックし合いましょう。気になる点があれば，議論しましょう。推敲した文章は，ワークシート III-18-3 に書きましょう。

推敲の際は，次の**チェックリスト**も活用してください。

✓**チェックリスト**（レポートの形式と表現）

| チェック項目 |
|---|
| 誤字脱字はないか。 |
| 段落の先頭は 1 字あいているか。 |
| （指定の書式等があれば）書式を遵守しているか。 |
| 話し言葉を使っていないか。 |
| 文章表現は具体的か。 |
| 文章表現は簡潔か。 |
| 文の要素を明示しているか（とくに読点で文をつなげるとき）。 |
| 曖昧な表現や，複数解釈が生じるような表現はないか。 |
| 一人称（私）を使っていないか。 |
| 思考動詞を使っていないか。使っているならば，「AはBだと考えられる」のような客観表現に切り替えているか。 |
| 敬語や「です・ます体」を使わず，述語は「だ・である体」で統一できているか。 |

# 3
## 本章のまとめ

　本章では，レポートにふさわしい形式と表現を学びました。

　実は本章で学んだスキルは，大学だけなく，社会に出てからも活かされます。この文章スキルは，自分の主張を説得的に伝える場面において万能であり，社会生活のあらゆる場面で活用できます。第16章でも触れたように，申請書，報告書，会議資料，提案書……，挙げればきりがありません。

　レポートの基礎をおさえ，今後の大学・社会の生活に活かしましょう。

# 4
## 事 後 学 習

活動 ❷ のペアワークでもらったアドバイスをもとに，**ワークシート** 📑 Ⅲ-18-3 の文章をさらに改良して，修正稿を作成しましょう。修正稿を書いたら，自分自身でも改めて**チェックリスト**を見直してください。

# 5
## 発展的学習

この授業や他の授業のレポートも，ふさわしい形式と表現で執筆してみましょう。

---

📖 さらに学びたい人への文献案内

石黒圭（2012）『論文・レポートの基本――この 1 冊できちんと書ける！』日本実業出版社．

---

 **本章の参考文献**

Ikeda, Masami「日本語中上級学習者のための書き言葉レッスン」https://web.mit.edu/kakikotoba/index.html［2023 年 1 月 11 日閲覧］.

石黒圭（2012）『論文・レポートの基本――この 1 冊できちんと書ける！』日本実業出版社．

小林洋介（2013）『デキる大人の文章力教室――「書く」技術が武器になる！カンタン 15 レッスン』日本文芸社．

# 第 19 章

# レポートにふさわしい
# 文章構造で書く

## テーマの概要

本章では，レポートにふさわしい文章構造を学びます。

レポートにおいては，複雑な考察のプロセスを，正確に伝えなければなりません。そのためには，文章を論理的に組み立て，わかりやすく提示するスキルが求められます。

本章では，論理的でわかりやすい文章を構築するための基本スキルとして，パラグラフで執筆するスキル（パラグラフ・ライティング）と，文章を適切につなげて組み立てるスキル（接続表現の使用）を身につけます。

## 本章の達成目標

- パラグラフで文章を書けるようになる。
- 接続表現を使い，文章を適切に組み立てられるようになる。

# 1
## 事前学習

### (1) パラグラフの復習

本節では，パラグラフを書くためのポイントをおさえます。具体的な内容に入る前に，以下のポイントを整理しながら，パラグラフに関する基礎知識を思い出しましょう（第17章第2節を参照）。

【復習のポイント】

- パラグラフとは何か
- パラグラフの構成要素は
- パラグラフの構造（要素の並べ方）は

思い出しましたか？　以下，簡単にまとめます。

パラグラフとは「1つのトピックを説明した文の集まり」（倉島 2012, p.29）のことでした。外見上は1つの形式段落ですが，その内部には，特定の要素と構造がありました。

パラグラフの構成要素には，最もいいたいことを述べるトピック・センテンス，その根拠を補足するサポーティング・センテンス，結論を述べるコンクルーディング・センテンスがありました。これら3つの要素の並べ方については，原則トップダウンであるため，トピック→サポーティング→コンクルーディングの順番になるということを学びました。

それでは(2)において，パラグラフを書くときのポイントをおさえましょう。

### (2) パラグラフを書くときのポイント

パラグラフを書くときは，次のポイントをおさえましょう。

①　トピック・センテンスの書き方：「1 パラグラフー 1 トピック」の原則

　実は，パラグラフを書くときには，「1 パラグラフー 1 トピック」という原則があります。1 つの形式段落の中にまったくトピック・センテンス（主張）がなかったり，あるいは複数含まれていたりする文章は，パラグラフとして成立しません。この原則を守らないと，読み手側にとって非常に読みにくい文章になってしまいます。1 つのパラグラフには，1 つのトピック・センテンスを入れましょう。

②　サポーティング・センテンス，コンクルーディング・センテンスの書き方

　サポーティング・センテンスとコンクルーディング・センテンスについては，トピック・センテンスのような原則はありません。

　サポーティング・センテンスは，1 つのパラグラフに複数含むことができます。主張を支える情報が多くあるというのは，主張を強化することにつながります。

　コンクルーディング・センテンスは，場合によっては省略することも可能です。たとえば，1 つのパラグラフが長い場合は，主張を明確に示すためにも，パラグラフの末尾はコンクルーディング・センテンスで締めくくるほうが望ましいでしょう。一方，1 つのパラグラフが極端に短い場合は，トピック・センテンスとコンクルーディング・センテンスの距離が短いため，同じ内容（主張）が重複し，しつこい印象を与える場合もあります。紙面の都合に応じて省略可能ですので，適宜自分で判断してください。

(3)　**課題** ①：パラグラフの書き方を理解しよう

　ワークシート✍ Ⅲ-19-1 に取り組みます。パラグラフの書き方について，基礎知識が身についているかを確認しましょう。

(4)　**課題** ②：文章をパラグラフで書いてみよう

　ワークシート✍ Ⅲ-19-2 に取り組みます。ワークシート✍ Ⅲ-18-2（出身都道府県の魅力 300 字程度）で書いた自分の文章を見直し，パラグラフ構造に書き換えましょう。

# 2
# 授　業

(1)　活動 ❶：課題 ① の共有

課題 ① ワークシート▤ Ⅲ-19-1 をペアで交換し，チェックし合いましょう。違うところがあれば，意見を交換し議論しましょう。

## (2)　適切な接続表現で文を組み立てる

　学術文章では，1文1文をつなげて段落（パラグラフ）を作り，さらにその段落をつなげて論を展開させながら，1つの結論に向かっていきます。このとき，文や段落を接続する表現が不十分だと，意味がわかりにくかったり，展開の意図が伝わらなかったり，最悪の場合は誤読を招いてしまいます。

　ここでは，文や段落を適切につなぐスキルとして，接続表現を身につけます。

　接続表現には，大きく①論理関係をあらわすもの，②記述の整理をあらわすもの，③理解の補助をあらわすもの，④展開をあらわすものの4種類があります[1]。それぞれみていきましょう。

### ①　論理関係をあらわす接続表現

　前の記述に対して，後の記述が順当な関係にあるのか，それとも逆の関係で食い違うのかといった，論理関係をあらわすときに使用する表現です。学術文章に用いる例としては，たとえば次のようなものがあります。

● 前後が順当な原因・結果である：よって，したがって，ゆえに，そのため等
● 前後が順当な予測である：〜ならば，そうであるならば等
● 前後が逆の関係である：しかし，しかしながら，だが等
● 前後が意外性のある逆の関係である：ところが，それにもかかわらず等

---

1　石黒（2008）の4分類「論理の接続詞」「整理の接続詞」「理解の接続詞」「展開の接続詞」を参照。

② 記述の整理をあらわす接続表現

前後の記述内容を並べて整理するときに使用する表現です。共通するものや，対立するものや，順序のあるものを並べていることを表します。学術文章に用いる例としては，たとえば次のようなものがあります。

- 共通するものを加える：そして，それから，また，加えて，ひいては等
- 対立するものを並べる：一方，他方，または，もしくは，あるいは等
- 順序づけて並べる：第1に……第2に……第3に，まず……次に等

③ 理解の補助をあらわす接続表現

前の記述内容について，後ろの記述で言い換えていることをあらわしたり，具体例を挙げていることをあらわしたり，理由や条件を補足していることをあらわすときに使用する表現です。学術文章に用いる例としては，たとえば次のようなものがあります。

- 言い換える：つまり，すなわち，いわば等
- 否定的に受け継ぐ：むしろ，かえって等
- 例を示す：たとえば，具体的には等
- 特別であることを示す：とくに，とりわけ，ことに等
- 理由や条件を補足する：なぜなら，ただし，もっとも，なお等

④ 展開をあらわす接続表現

前後の記述において，論を切り替えることや，まとめに入ることをあらわすときに使用する表現です。学術文章に用いる例としては，たとえば次のようなものがあります。

- 切り替える：さて，では等
- まとめに入る：このように，以上等

⑶ 接続表現の使い方の注意点

ここで，接続表現を使うときの注意点をいくつか挙げておきます。

まず，逆の関係をあらわす接続表現「しかし」等を，近い距離で連続して使用するとわかりにくい文章になります（逆の逆の逆は？）。できるだけ文章の論

理関係はシンプルに書きましょう。

　また，何事もやりすぎは注意です。接続表現も，使いすぎるとくどくなったり，かえって意味がわかりにくくなったりします。そこになくても意味や意図に支障がないのであれば，削りましょう。

（4）　活動 ❷：適切な接続表現を使う練習

　まず，ワークシート📝 Ⅲ-19-3に取り組みます。適切な接続表現を使う練習をしましょう。

　終わったら，ペアでワークシートを交換し，チェックし合いましょう。お互いの記述で気になるところは，意見を交換し議論しましょう。

（5）　活動 ❸：接続表現のチェック

　課題 ②のワークシート📝 Ⅲ-19-2を見直し，パラグラフ構造で書けているかを再確認しましょう。そして，接続表現を適切に使って文章を修正しましょう。修正した文章は，ワークシート📝 Ⅲ-19-4に書きましょう。

　終わったら，ペアでワークシート📝 Ⅲ-19-4を交換し，チェックし合いましょう。お互いの記述で気になるところは，意見を交換し議論しましょう。

　パラグラフと接続表現のチェックにあたっては，次の**チェックリスト**も適宜活用してください。

✓**チェックリスト**（パラグラフ）

| | チェック項目 |
|---|---|
| ☐ | 「1 パラグラフ-1 トピック」になっているか。 |
| ☐ | トピック・センテンスの主張は明確か。 |
| ☐ | トップダウンになっているか。 |
| ☐ | サポーティング・センテンスは，トピック・センテンスを必要十分に説明しているか。 |

✓**チェックリスト**（接続表現）

| チェック項目 |
| --- |
| 前後の記述と接続表現の関係は適切か。 |
| 逆の接続表現「しかし」等を，近い距離で連続使用していないか。 |
| 接続表現を使いすぎていないか（なくても意味や意図に支障がないのであれば省く）。 |

# 3
## 本章のまとめ

　学術文章にふさわしい文章構造として，パラグラフ構造で書くこと，適切な接続表現で文章を組み立てることを学びました。これらの構造で書くことは，自身の考えを整理し，読み手にわかりやすく伝えることにつながります。しっかり身につけましょう。

# 4
## 事後学習

　活動 ❸でペアから指摘されたことを踏まえ，ワークシート📝 Ⅲ-19-4の文章をさらに改良して修正稿を作成しましょう。

# 5
## 発展的学習

この授業や他の授業で課せられたレポートを執筆する際，パラグラフ構造で書き，適切な接続表現で文章を組み立てることを実践しましょう。適宜**チェックリスト**を活用してください。

 さらに学びたい人への文献案内

**福澤一吉**監修，株式会社学研プラス科学コミュニケーション編集チーム（2016）「パラグラフ構造とは何か」『クリティカル・シンキングで始める論文読解』https://hakase-compass.jst.go.jp/e-learning-contents/46-900/lesson/lesson4-1.html［2022 年 6 月 18 日閲覧］.

**石黒圭**（2008）『文章は接続詞で決まる』光文社（光文社新書）.

**倉島保美**（2012）『論理が伝わる世界標準の「書く技術」——「パラグラフ・ライティング」入門』講談社（ブルーバックス）.

## 本章の参考文献

**福澤一吉**監修，株式会社学研プラス科学コミュニケーション編集チーム（2016）「パラグラフ構造とは何か」『クリティカル・シンキングで始める論文読解』https://hakase-compass.jst.go.jp/e-learning-contents/46-900/lesson/lesson4-1.html［2022 年 6 月 18 日閲覧］.

**石黒圭**（2008）『文章は接続詞で決まる』光文社.

**倉島保美**（2012）『論理が伝わる世界標準の「書く技術」——「パラグラフ・ライティング」入門』講談社.

第 **20** 章

# アウトラインを作成する

## テーマの概要

　本章では，論証型レポートの構成を把握し，アウトラインを作成する手順や方法を学びます。

　本書が目指している「論証型レポート」は，客観的な根拠に基づく著者の主張を論理的に展開するレポートです。レポート作成の際には，まずは，第5章で学んだテーマの設定の仕方を思い出し，「問い」と，予想される「答え」を考え，レポートの仮タイトルを考えてみてください。もちろん，そのためには，テーマに関するキーワードをもとに参考文献を調べ，知識や情報をたくわえ，テーマの内容について理解を深めることが必要です。

　その次の段階として，論証型レポートの構成を考えていきましょう。レポートの内容に含まなければならない項目や形式は，専門分野やレポートを課す教員からの指示によって多少異なりますが，おおよそ何を書くべきなのかという基本的な構成や順番などは，共通しています。論証型レポートは，「問い」（目的）に対して，その「答え」（主張）を導くための「根拠」を示しながら，論理的にわかりやすく書くことが求められます。したがって，何をどのような順序で書くのか，つまりレポートの構成とアウトライン作成がとても重要なのです。

　本章では論証型レポートの基本構成とアウトライン作成について学びます。

## 本章の達成目標

☐ 論証型レポートの基本構成とアウトラインについて説明できる。

☐ アウトライン作成の重要性を理解し，論証型レポートの基本構成に
沿ってアウトラインを作成することができる。

# 1
## 事 前 学 習

### (1) アウトラインとは

「論証型レポート」は，**テーマの概要**でも述べたように，テーマに関する調
査の結果を分析・考察し，客観的な根拠に基づき筆者自身の主張を展開してい
くタイプのレポートです。そのためには，どのようなアウトラインで書いたら
よいでしょうか。

アウトラインは，レポートの構成と大まかな内容を示すもので，何について，
どのような順序で書いていくかを示す目次のようなものです。別のことばで言
い換えると，アウトラインはレポートの骨組みといってもいいでしょう。丈夫
な建物には強固な骨組みが必要なように，レポートにもアウトラインという骨
組みが必要です。論理的で筋の通った論証型レポートに仕上げるためには，ま
ず骨組みであるアウトラインをしっかり作りましょう。

また，アウトラインは一度作成したらそれで終わりではありません。さまざ
まな資料を調べながら，何度も改訂を重ねる必要があります。レポートの「問
い」（目的）とその「答え」（主張）の間に，論理的な矛盾のないように構成を
考えていきましょう。

レポートの執筆を始める前に，まずはアウトラインを作成し，構成をよく検
討してから，書き始めてください。

アウトラインの説明の前に，レポートの大まかな構成「序論・本論・結論」
をおさえ，その次にアウトラインの作成方法を解説します。

### (2) 大まかな構成は「序論・本論・結論」

レポートは基本的に大きく分けて，「序論」「本論」「結論」の3部構成で作
成されています。

3部構成の中の「序論」では，そのレポートのテーマを説明し，「問題は何か」
を示し，レポートの「問い」を示したうえで「明らかにしたいこと（したこと）」
について説明します。また，予想される「答え」をあらかじめ「仮説」として
提示する場合もあります。

続く「本論」では，どのような「方法」でその「答え」を導いたのかを示し
ます。「調査」の結果を提示し，「分析」を加え，どのようなことが「考察」さ
れるかを述べます。初年次の段階では，参考文献の調査結果を引用して説明す
ることが多いでしょう。

最終的にこれらをまとめて，自分の最も主張したいことを「結論」として示
します。もちろん，その「結論」は，当然それまで述べてきたことから得られ
る妥当なものでなくてはなりません。また，「結論」では次に検討されるべき
課題や新たな仮説が提示される場合もあります。

レポートでは，これら3つの構成要素が矛盾なく提示されていることが必要
です。たとえば，「結論」における主張が「序論」で立てられた「問い」の「答
え」になっていなかったり，また「本論」で示されたこととは無関係に「結論」
が述べられていたりしては，レポートとして論理的ではありません。

なお，序論・本論・結論の具体的な書き方については，第21章で解説しま
す。

次に，アウトライン作成の手順の例として(3)，(4)，(5)の3つの手順を紹介
します。

### (3) 「問い」と「答え」からレポートの全体をイメージする

まず，レポート全体のテーマについて，自分が何について書きたいかを短い
文章で表現してみます。下調べをした資料をもとに，レポートで取り扱いたい

中心的なテーマについて，短い文章（100字程度）で表現するとよいでしょう。ここにはテーマに対する「問い」が含まれていることが必要です。自分の「問い」を文章化することで，具体的にどのような構成にすればよいか，全体的なイメージが可能になります。この段階では文章としてあまり整っていなくてもかまいません。何を書きたいのかについて，とりあえず文にしてみましょう。そこから全体の見通しを立てて考えます。

### ⑷ 「小見出し＋1文（箇条書きのメモ）」で書き出し，内容を整理する

「問い」から「答え」を導くために，どのような内容が必要なのかを考え，思いつくままに，キーワードや箇条書きのメモを書いていきます。順番はあとから変更できるので，気にせずに書いていきましょう。これらのキーワードや箇条書きのメモは，「小見出し」といいます。「小見出し」がだいたい出そろったら，次に，「小見出し」を説明する短い1文を書いていきます。この1文は1行程度でかまいません。

「問い」の説明には，その問題の状況や現状，背景などについての説明も必要になります。また，「答え」を導くためには，その根拠となる事実を紹介することも必要になります。

### ⑸ 「序論・本論・結論」に配置する

上記で作成した，「小見出し＋1文（箇条書きのメモ）」を，「序論・本論・結論」のどこに入れたらよいのか考え，配置していきます。

なお，論証型レポートの見出しの例としては，次の2つの例のように6章構成や5章構成のものが考えられます。ただし，これらはあくまでも1つの例です。実際のレポートでは，内容に合わせて具体的な見出しをつけたほうが読み手にとってもわかりやすいでしょう。たとえば，巻末資料のモデル・レポート①「鹿児島県内のことばの消滅危機——記録保存活動と継承活動の必要性」（以下，「鹿児島県内のことばの消滅危機」とする）や②「ノヤギ問題の実態と対策」（以下，「ノヤギ問題」とする）を見てください。どちらのモデル・レポートも6章構成となっていますが，次の見出し例①や②とは異なり，その章の内容に合わせて，見出しも具体的な内容を示すものとなっています。

**【論証型レポートの見出し例】**

| 例 ① | 例 ② |
|---|---|
| **1.** 研究の目的 | **1.** はじめに |
| **2.** 背景／現状（先行研究の検討） | **2.** 調査方法 |
| **3.** 原　因 | **3.** 調査結果と分析 |
| **4.** 対　策 | **4.** 考　察 |
| **5.** 結　論 | **5.** おわりに |
| **6.** 今後の課題 | |

　最後に，重要なのは，何度でも手直しをしてよいということです。「問い」と「答え」，そして論拠の間に矛盾がないように見直しながら，レポートを完成させましょう。

⑹　課題①：モデル・レポートのアウトライン

　モデル・レポート①「鹿児島県内のことばの消滅危機」のアウトラインを確認しましょう。

　まず，モデル・レポート①の各章の見出しを確認し，ワークシート📝 Ⅲ－20−1に「問い」と「答え」について書いてください。

　次にワークシート📝 Ⅲ－20−2に，モデル・レポート①の見出しを抜き出し，アウトラインを再構成してみましょう。どの部分が序論・本論・結論にあたるのかに注意しながら，各章の内容を「小見出し＋1文（箇条書きのメモ）」で書いてください。「1文（箇条書きのメモ）」は，複数の文を書くのではなく，重要なポイントを1文にまとめたり，箇条書きのメモのようにして書いてみてください。

⑺　課題②：自分のレポートや参考文献のアウトライン

　A：自分のレポートのテーマがある程度決まっている場合

　上記の「論証型レポートの見出し例」やモデル・レポート①「鹿児島県内のことばの消滅危機」を参考にして，自身のレポートのアウトラインを考え，ワークシート📝 Ⅲ－20−3に記入しましょう。現時点でのアウトラインでか

まいません。重要なのは，書き始める前に，アウトラインを作成し，レポート全体をイメージしながら，何度でも見直していくことです。

B：自分のレポートのテーマが決まっていない場合

自分の専門分野の学術論文か，作成予定のレポートのテーマに関連した参考文献（学術論文）を選び，見出しを抜き出し，**ワークシート**📝 III－20－3 にアウトラインを再構成してみましょう。パラグラフごとに要点だけを取り出すことが必要です。できるだけ箇条書きのメモ（キーワード）や短文で書いてみてください。

# 2
## 授　業

(1) 　活動　❶：　課題　①の共有とチェック　その1

モデル・レポート①「鹿児島県内のことばの消滅危機」の「問い」と「答え」について，**ワークシート**📝 III－20－1 を用いて，ペアで内容を確認してください。

(2) 　活動　❷：　課題　①の共有とチェック　その2

アウトラインの抽出について，ペアでお互いの**ワークシート**📝 III－20－2 を交換しながら，内容を確認してください。

「小見出し＋1文（箇条書きのメモ）」を抽出しているかどうかチェックをしましょう。さらに，以下の2点について，確認してください。

- 「問い」から「答え」を導くために，どのような根拠を提示しているか
- 本論のアウトラインと，第1節(5)での見出し例で示したアウトラインとの，共通点と相違点は何か

(3) 活動 ❸ : 課題 ②の共有とチェック

活動 ❸は，課題 ②で選んだ A か B のどちらかをもとにして行います。

まず，A を選んだ場合は，ワークシート📄 Ⅲ-20-3 をペアに見せながら，自身のアウトラインについて相手に説明しましょう。以下のポイントに注意して，確認してください。

> ● 「問い」と「答え」を確認する
> ● アウトラインの構成から，「問い」の「答え」が導き出されるか
> ● アウトラインの構成はこれで十分か。「問い」から「答え」を導くために根拠が提示されているか
> ● 内容的に不十分な部分があれば，追加したほうがよい情報は何かについて一緒に考える
> ● アウトラインで，困っている点，迷っている点などを自由に話し，どうしたらよいか，一緒に考える

一方，B を選んだ場合は，活動 ❶と 活動 ❷と同様に，以下の 3 点について，話してください。

> ● 選んだ学術論文の「問い」と「答え」は何か
> ● 「問い」から「答え」を導くために，どのような根拠を提示しているか
> ● 本論のアウトラインと，第 1 節 (5) の見出し例で示したアウトラインとの，共通点と相違点は何か

(4) 「問い」から「答え」を導く手順

課題 ①や 課題 ②の B では，モデル・レポートや学術論文などのように，すでに完成しているレポート・論文からアウトラインを抽出してもらいました。

ここでは，モデル・レポート②「ノヤギ問題」に関するさまざまな「問い」から，レポートの中心的テーマを設定し，アウトラインを作成するまでの 4 つの段階を紹介します。

①【段階1】さまざまな「問い」を挙げ，参考文献を調べる

まず，【段階1】として，「ノヤギに関するさまざまな『問い』」を見てください。この段階は，「いつ」「どこ」「だれ」「なに」「どのように」「どれくらい」「なぜ」の疑問詞などに合わせて短い「問い」（ノヤギに関する質問）を作成し，これらの項目に沿って参考文献などを調べていく段階です。問題点を解決するための「対策」などについて，実際にどのようなことが行われているかを調べてみるとよいでしょう。なお，調べていくうちに，新たな質問が浮かんでくることもあります。出典をメモしながらさらに参考文献を探していくといいでしょう。

【段階1】　ノヤギに関するさまざまな「問い」

| いつ<br>○ When | ノヤギ問題はいつ始まったのか<br>いつからノヤギが問題視されるようになったのか |
|---|---|
| どこ<br>○ Where | ノヤギ問題はどこで起こっているのか |
| だれ<br>○ Who | ノヤギ問題の当事者は誰か<br>誰がノヤギ問題で困っているのか |
| なに<br>○ What | ノヤギ問題とは何か |
| どのように<br>○ How to | ヤギはどうやってノヤギになるのか<br>**どうすればノヤギは増えなくなるか** |
| どれくらい<br>○ How much | ノヤギはどれくらい増えたのか |
| なぜ<br>○ Why | なぜヤギを飼ったのか<br>**なぜノヤギは増えているのか** |
| 対策<br>○ Solution | ノヤギ問題に対策はあるか<br>これまでにどんな対策が取られてきたのか |

② 【段階2】レポートの中心的テーマを100字程度で書いてみる

次の段階として，上記の質問の中で，自身のレポートの「問い」として中心的に取り上げたいことは何かを考え，100字程度の短い文に書いてみます。ここでは，「どうすればノヤギが増えなくなるのか」と「なぜノヤギは増えているのか」を中心にして，「問い」を含んだレポートの中心的テーマを書いてみると次のようになります（➡ワークシート📝 Ⅲ-20-4 参照）。

【段階2】 レポートの中心的テーマ（問いと予想される答え）

> ノヤギ問題はいつからどのような地域で発生したのか。そしてその原因は何か。ノヤギ問題は限られた地域だけでなく，どこでも起こり得るのではないか。ノヤギが増加する理由は，野放図な繁殖が原因なのではないか。

③ 【段階3】参考文献で調べたことを整理する

さらに，ノヤギ問題について参考文献を調べてわかったことを箇条書きしてみます。以下の「ノヤギ問題を調べてみてわかったことのメモ」は抜粋して示しています。なお，このメモでは，どこに情報が記載されていたのかについての情報は省略していますが，みなさんが実際に参考文献から情報をメモする場合には，忘れずに出典の情報を記載しておいてください。引用の規則に基づいて執筆するためにも，出典の情報は必要です（➡ワークシート📝 Ⅲ-20-5 参照）。

【段階3】 ノヤギ問題を調べてみてわかったことのメモ（抜粋）

> ヤギが野生化しノヤギとなり，その数が増加している。
> 　→鹿児島県の調査：2014年度より2021年では，3割以上増加（奄美大島と周辺3島）。しかし，ヤギは捕獲が難しい。除去が進んでいない。
> ●ノヤギの被害と環境への影響：植生の破壊，土砂流出，希少植物への食害，生態系の破壊など。
> ●ノヤギが増加する理由は，野生化させたままにしていることが原因なのではないか？　繁殖を防止する必要があるのは？
> ●ヤギを野生化させないために何か対策をとるべきなのでは？
> 　→他の動物の対策が参考にならないか？

その他のヤギについての状況

●飼育頭数は最近増加している。　→なぜ？

●ヤギの飼育目的は，乳用や肉用。全国の飼育頭数はこの5年で5割近く増えている。雑草の除草対策としてヤギの飼育が注目されている。

●除草目的でのヤギ飼育は，環境に負荷を与えず，コスト面から期待がある。除草を兼ねてペットとしてヤギを飼育することもあるらしい。

④　【段階4】アウトラインを作成する

　最後に，【段階3】のメモをもとにして，「序論・本論・結論」のどこにどのような順序で書いたらいいのかを考えながら，「小見出し＋1文（箇条書きのメモ）」で配置し，見出しも内容に合わせて考えていきます。次の表が「アウトラインの作成」の例です。

**【段階4】　アウトラインの作成**

| 序論 | 1. はじめに<br>ヤギについて<br>ノヤギ問題について<br>レポートで明らかにしたこと |
|---|---|
| 本論 | 2. ヤギ飼育の現状<br>ヤギの歴史と飼育頭数の現状<br>日本のヤギ飼育頭数が増加していること<br>ヤギ利用が多様化している<br><br>3. 奄美群島でのノヤギ問題<br>被害の実態<br>対策は取られているが，ノヤギは減っていない |

| | |
|---|---|
| **本論** | **4．更なるヤギの再野生化の可能性** |
| | 本州でも脱走が起きている |
| | 飼育頭数が増えれば，どこでも起こり得る |
| | **5．再野生化を防ぐために行うべきこと** |
| | 野ネコ対策が参考になる |
| | 繁殖のコントロールの重要性 |
| **結論** | **6．まとめ** |

　ここでは，実際のアウトライン作成までの段階をたどってみました。

　【段階 1】に達するには，まず，みなさんが自分の「論証型レポート」のテーマについて，具体的に検討し，テーマをある程度限定しなければなりません。第 5 章を参考にテーマを考え，具体的なレポートのタイトルを設定できるようにしましょう。

# 3
## 本章のまとめ

　本章では，「論証型レポート」のアウトラインの作成について取り上げました。アウトラインの作成に重要な点は以下の 3 点です。

　まず，アウトラインはレポートの目次であり，骨組みです。レポートのテーマが決定し，「問い」と「答え」がある程度確定したら，いきなり書き始めるのではなく，まずアウトラインを作成することが重要です。本章で詳しく見た 6 章構成のアウトラインを意識しながら，「小見出し＋ 1 文（箇条書きのメモ）」

で作成しましょう。

　次に，アウトラインを作成しながら，「問い」から「答え」が導かれるかどうか，「本論」の内容を確認しつつ，新しい資料も調べながら，アウトラインの検討と改訂を繰り返してください。「答え」（主張）を導き出すために，どのような資料が必要なのかを考えると下調べが楽になります。「問い」（目的）と「答え」（主張），そして根拠の間には，論理的な矛盾がないようにする必要があります。

　最後に，レポートのテーマやタイトル，アウトラインは，最初から完全なものはありません。まずは「仮」のものとして作成していきます。検討している中でいつでも修正が可能です。アウトラインを考えているうちに，タイトルも内容に即して見直してもよいのです。また，「問い」と「答え」も見直しが必要になる場合もあります。アウトラインを作成しながら，レポート全体を見渡しつつ，「小見出し＋1文（箇条書きのメモ）」で具体的な内容と，論理的なつながりを点検していきましょう。

# 4
## 事 後 学 習

　自身が作成している論証型レポートについて，アウトラインを改訂しましょう。授業中のピア活動をもとに，どのような情報を増やしたらいいのか，あるいは不要なものがあれば削除するなどして，内容を検討してください。なお，その際に，レポートのタイトルや，「問い」と「答え」についても見直しをしてもかまいません。

# 5
## 発展的学習

ワークシート📝 Ⅲ-20-4 を用いて，自身のレポートの「仮タイトル」や「問

い」と「予想される答え」「レポートの概要（100字程度)」を作成してみましょう。また，同時に**ワークシート**📝 III-20-5 を用いて，調べたことを短い1文か箇条書きで書き出し，アウトラインの作成に活かしましょう。

　自分の「論証型レポート」のテーマに沿った学術論文を複数取り寄せ，アウトラインを比較してみてください。共通点と相違点を探してみましょう。自分の「論証型レポート」に活かせることがあれば，ぜひ取り入れましょう。

📖 さらに学びたい人への文献案内

大島弥生・池田玲子・大場理恵子・加納なおみ・高橋淑郎・岩田夏穂（2014）『ピアで学ぶ大学生の日本語表現——プロセス重視のレポート作成〔第2版〕』ひつじ書房.

佐渡島紗織・坂本麻裕子・中島宏治・太田裕子（2022）『課題に応える　卒論に活かせる　大学生のためのレポートの書き方』ナツメ社.

# 第**21**章

## 序論・本論・結論を書く

### テーマの概要

　本章では，第20章でも触れた論証型レポートにおける「序論・本論・結論」の内容やそれぞれの役割と，執筆する際の注意点について取り上げます。

　第20章ではアウトライン作成の重要性と，その作成方法について説明しました。レポート執筆前にアウトラインを作成し，レポート全体の見通しを立ててから執筆することが重要です。このアウトラインの構成を踏まえ，実際に「序論・本論・結論」のそれぞれの部分には，どのような内容を書いていけばよいでしょうか。

　「序論・本論・結論」を実際に執筆する際に必要なのは，①「問い」（目的），②「問い」に対する「答え」（主張），③「答え」を導くための「根拠」です。そして，これらをどのような順序で書いていくのかを示すのがアウトラインです。しかし，アウトラインがある程度完成していないと，執筆にとりかかることはできません。まず，アウトラインを十分に検討してから，「序論・本論・結論」の執筆にとりかかりましょう。

　本章では，「序論・本論・結論」にはどのような内容を書くべきなのか，その構成や内容を取り上げて説明します。

## 本章の達成目標

☐ 論証型レポートにおける,「序論・本論・結論」の内容と役割を理解する。

☐ 自身の論証型レポートのアウトラインに従って「序論・本論・結論」を書くことができる。

# 1
## 事 前 学 習

### (1) 「序論」「本論」「結論」の役割

第20章で,「序論・本論・結論」について簡単に説明しましたが,より詳細には,次のような役割があります。

- **序論**:レポートの「問い」(目的)を示す。

  テーマを説明し,問題は何かを示す。そして,「問い」を示して,明らかにしたいことと,どのような方法で明らかにするかを示す。加えて,「問い」に対して「答え」(主張)は何かを述べる場合もある。さらに,レポートの中の章立てやどのような流れで説明するかについて読み手に示す。

- **本論**:レポートの「問い」に対する「答え」を導くために,根拠(証拠)を示す。具体的には,「問い」を解明する方法,調査などの結果とその分析,考察などを述べる。

- **結論**:レポートの「問い」に対する「答え」(主張)を示す。

  序論で述べた「問い」を簡潔に示し,それに対して本論で得られた「答え」(主張)を提示し,このレポートでわかったことを述べる。最後に今後の課題について述べる(レポートに含めない場合もある)。

第16章で説明したように，レポートにはさまざまな種類があり，専門分野によって多少異なる点があります。しかし，この「序論・本論・結論」の3部構成をおさえておけば，ほぼどのようなレポートでも応用が可能です。

次に，本節の事前学習では，「序論・本論・結論」の中で，「序論」「本論」について，それぞれ執筆のポイントを説明します。「結論」は第2節の中で取り上げます。なお，第19章で取り上げたパラグラフ・ライティングをぜひ活用してください。

### ⑵ 「序論」に何を書くか：構成と内容

レポートの「序論」は，読み手が最初に読む部分になります。読み手に対して，このレポートの内容がどういうものなのかをわかりやすく説明するために，序論に書くべき内容と構成をおさえておきましょう。

序論に必要な要素を表21-1にまとめました。表21-1の中の要素は，序論を書き始める前に自分なりに整理して書き出してみましょう。ただし，これらの要素をすべて序論にいれるかどうかについては，レポート・論文の種類や字数の制限などによって，異なる場合があります。省略可能な要素や専門分野による違いもありますので，表21-1の備考欄を参考にしてください。一般的な学術論文では，ほぼすべての要素を含む場合が多いと思います。参考文献で使用する学術論文などを参考にしてみてください。

序論は，レポートの最初の部分にあたりますが，最初から完璧に書こうと思うと苦労します。序論はレポートの完成までに修正を繰り返す必要があるため，書き始めた段階では，未完成のままでもかまいません。一度に完成させると考えずに，他の部分も書いていきましょう。本論や結論で書いたことと矛盾が生じたら，序論の部分を見直し，書き直していきましょう。

ところで，序論の分量ですが，これはレポート・論文の字数によっても異なります。全体の字数の 10 ～ 15％ ぐらいを目安にするとよいでしょう。

序論の内容や分量については，一般的な学術論文を実際に何本か読んで，確認してみるとよいでしょう。同時に，表21-1のどの要素について言及しているかも確認し，自分のレポートの参考にしてください。

表21-**1**　序論に必要な要素

| 要　素 | 備　考 |
|---|---|
| ① レポートで取り上げる問題点や論点についての提示<br>何が問題なのか。これから何について書くのか。 | 読み手がその問題を知らないと仮定して，わかりやすく説明する。 |
| ② 社会的背景／歴史的背景（先行研究の紹介）<br>自分が取り上げた「問い」の社会的または歴史的な位置づけ。 | 問題の発生時期や経緯，どうして問題なのかなどについて説明。 |
| ③ このテーマを取り上げる意義<br>テーマや論点の選択理由。学問的意義。社会的意義。 | 個人的な理由ではなく，なぜこのテーマを取り上げる必要があるのかについて言及する。 |
| ④ 研究目的，研究方法<br>このレポートで明らかにしたい「問い」は何か。考察を行うために，どのような方法で何をしたのか。 | 字数の制限があれば「研究方法」は省略することがある。また，「序論」の中に含めず，「本論」で詳しく説明する場合もある。 |
| ⑤ 主　張<br>④の結果，明らかになったこと，わかったこと。 | 字数の制限があれば省略することもある。また，分野によっては，序論で示さないこともある。 |
| ⑥ 本レポートにおける展開の説明<br>レポートの章立てや全体の流れの説明。 | 卒業論文のような長い論文では必ず記載する。字数の制限があれば省略することもある。 |

⑶　「本論」に何を書くか

　「本論」で書くべきことは何でしょうか。「本論」では，「問い」に対する「答え」（主張）を導くための証拠を提示しなければなりません。

　第20章の p.224 では，論証型レポートの見出しの例として，2つの例を示しました。　例 ①では，本論にあたる2～4章で，取り上げる問題につい

ての「背景 / 現状」や「原因」,「対策」などが書かれます。

　一方,　例 ②では,本論にあたる2〜4章で,「調査方法」と「調査結果と分析」,そしてその調査結果に対する「考察」を述べ,証拠を提示していきます。ここでは,　例 ②について「本論」に何を書くかについて説明します。

　まず,「問い」を解明するために具体的にどのような調査を行ったのかについて,その「方法」を説明します。専門課程の授業で課されるレポートや卒業論文などでは,自分自身のテーマに基づいて,たとえば文献調査やインタビュー調査,アンケート調査,実験などの方法を選び,調査・実験を実施します。そして,そこから得られた事実・データをもとに分析・考察を行います。大学1年生の場合は,インタビュー調査やアンケート調査などを行う機会は少ないかもしれません。本書で扱う「論証型レポート」では,主に参考文献から調査結果などを引用して,「本論」を書いていきましょう。

　次に,「方法」によって行った調査などから「結果と分析」を示します。内容に応じて,図表なども用いながら読み手にわかりやすく説明しましょう。

　さらに,「考察」を行い,上記の「結果」で述べたことからわかったことを述べます。この部分では,序論で書いた「問い」の「答え」を提示し,自分の意見や主張を述べます。また,先行研究があれば,先行研究の結果との比較を行ってもよいでしょう。

　以上が,　例 ②の「本論」の内容ですが,文献調査が中心の場合,「方法」の部分については,あえて「文献調査を行った」などのように述べない場合が多々あります。とくに,本章で扱う「現代社会の諸問題」をテーマにする場合は,　例 ①のアウトラインで執筆したほうがよいでしょう。

　なお,参考文献から調査結果などを引用する際には,文章や数値のデータを扱いますが,本章では数値のデータの紹介について説明します。文章のデータについては,第22章で主に扱います。

### ⑷ 「本論」で「問い」に対する「答え」（主張）を論理的に導くために

　「論証型レポート」を作成する際に重要なのは,レポートの「問い」に対する「答え」（主張）が,論理的に説明されているかどうかです。

　つまり,読み手に対して,このレポートの「問い」に対する「答え」（主張）

は説得力がある，確かにその通りだと思わせるような「根拠」を述べなければなりません。つまり，主張を裏づける理由を読み手にわかりやすく提示することが必要です。

　では，どのような方法で「根拠」を提示したらよいでしょうか。前述したように，初年次に課されるレポートでは多くの場合，参考文献や資料を調査し，数値などのデータや，文章を引用するなどして根拠を提示していきます。

　それぞれの注意点を以下で説明します。

### ⑸ 「本論」における数値などのデータの扱い

　自分のレポートで数値などのデータを「根拠」として用いるときの注意点は次の３点です。なお，第６章では，データの読み取りや分析の際の注意点についての説明があるので，必ず復習してください。

#### ①　第一次資料にあたる

　できるだけ第一次資料（生データ）にあたり，自分のレポートで図表化します。自分で作成した場合は，第一次資料の出典を明記し，自作の図表であることも明記します。参考文献から図表そのものを引用した場合は，出典を示したうえで，引用であることも明記しましょう。

#### ②　図表の提示ルールを守る

　図表をレポート内に挿入する際には，図表の提示のルールにしたがって，記載すべき項目を記載します（例：図表番号，図表のタイトル，数値などの単位，凡例，出典，年か年度か，複数回答か単一回答かなど）。

#### ③　図表の説明をする際には以下の３点に言及する

❶ 図表の提示（図表の番号やタイトル，何を示しているかの説明）

❷ 図表の数値や割合の説明（推移や変化についての説明）

❸ 図表からわかることの説明（判明事項の説明）

❶ 図表の提示は，具体的には次のような説明を指します。しかし，レポートの字数制限などがある場合は省略されることもあります。巻末資料のモデル・レポート①「鹿児島県内のことばの消滅危機」やモデル・レポート②「ノヤギ問題」では，次のような説明は省かれています。

● 表1は，UNESCO（2010）に記載された日本の危機言語（方言）について，その危険度と具体的な言語（方言）を示したものである。
● 図1に2011～2018年における日本のヤギ飼育頭数の変化を示す。

### (6)「本論」における文章データの扱い

「本論」においては，「問い」から「答え」を導くために，参考文献を引用しながら，「根拠」を提示しましょう。文章データの扱いについては，第8章で正しい引用の仕方をもう一度確認してください。

第20章では，モデル・レポート①「鹿児島県内のことばの消滅危機」のアウトラインを作成しました。そのアウトラインとモデル・レポート①の「本論」を再度みてみましょう。このモデル・レポート①の「答え」を簡潔に示すと，次の2点です。1つは，❶消滅危機言語問題は，鹿児島県にも迫っていること，そして，もう1つは，その対策として❷大学生による記録保存活動の促進や，行政・教育主導の継承支援が必要なことです。

では，このような2つの「答え」を導き出した「根拠」についてみてみましょう。

まず❶の前提として，モデル・レポート①の2章では，ことばの消滅危機と鹿児島県との関連についての現状紹介があります。ここでの根拠はユネスコの危機言語リストです。

そして，3章でユネスコの危機言語リストには掲載されていなくても，潜在的な危機言語が鹿児島県に存在すること（甑島方言や鹿児島市方言など）が問題点として述べられています。この部分では，木部・山田・下地（2011）や坂井（2020）をもとにして説明しています。

次の4章では，このような鹿児島県における危機の原因について，歴史的な経緯があることが紹介されています。ここでの根拠は下地（2017）や坂井（2020）などです。

さらに5章では，「考察」として，保存と継承の2つの視点から対策案が述べられています。保存については當山（2022）を根拠に筆者の視点で提案を行っています。また，継承については具体的な実践例も紹介しながら，行政・教育が取り組むべき課題について筆者の提案を述べています。

　以上が，モデル・レポート①の「本論」についての分析ですが，このようにしてみると，必ず参考文献を挙げながら，根拠を述べていることがわかります。

　問題の現状について述べる際だけではなく，原因の分析や対策案を提案する部分でも，参考文献を挙げて根拠を紹介しています。

　このように，読み手にとって説得力のある記述をするためには，参考文献や資料から根拠を探すことが必要です。「問い」と予想される「答え」がある程度確定し，レポート全体の見通しがついてきたら，今度は，このような「答え」を導き出すために，どのような根拠を提示したらよいかというように，逆に考えてみましょう。

### ⑺　主張の説得力を増すために

　ここまで，論証型レポートにおいて「問い」に対する「答え」（主張）が信頼性の高い「根拠」とともに示されることの重要性について説明しました。読み手に，このレポートの「問い」に対する「答え」（主張）には説得力がある，確かにその通りだと思わせるような理由をできるだけ複数提示しましょう。

　そして，自身の「答え」（主張）に対して，例外の可能性や，自身とは異なる立場・意見を想定し，丁寧にレポートの中で紹介することも必要です。自身とは異なる意見については，レポートの中でも取り上げ紹介したうえで，「根拠」とともに反論を行うと，自身の主張に対する説得力が増します（「反駁」といいます）。

　また，第4章でも説明した，「根拠」と「答え」（主張）を結びつける「論拠」（隠れた前提）についても考慮し，必要があれば説明を補足しましょう。

### ⑻　 課題 ：ここまでの学習をもとに取り組もう

　まず 課題 ①として ワークシート 📝 Ⅲ-21-1 を行い，モデル・レポート②「ノヤギ問題」の序論について，序論の要素が言及されているかを確認して

ください。

　次に，　課題　②として ワークシート📝 Ⅲ-21-2 に取り組み，学術論文の序論の要素を確認してください。

　最後に，　課題　③として ワークシート📝 Ⅲ-21-3 で，自分のレポートの「序論」か「本論」の一部分を書いてみましょう。

# 2
## 授　業

### ⑴　ペアで確かめる

　課題　をもとに，次の３つの 活動 を行いましょう。

　まず，　活動　❶では，　課題　①をもとに ワークシート📝 Ⅲ-21-1 について，ペアでモデル・レポート②「ノヤギ問題」の序論の要素について，どの要素が言及されているかを確認してください。

　次に，　活動　❷では，　課題　②をもとに ワークシート📝 Ⅲ-21-2 について，ペアで学術論文の序論の要素を確認してください。

　さらに，　活動　❸では，　課題　③をもとに ワークシート📝 Ⅲ-21-3 で，自分のレポートの「序論」か「本論」の一部分について，ワークシートを交換して，読んでみましょう。内容や表現について，お互いに気づいた点を話しましょう。

### ⑵　「結論」を書く

　ここまでに「序論」と「本論」の書き方についてみてきましたが，「結論」はどのように書いたらよいのでしょうか。

　「結論」に主に含まれるものは，以下の３点です。

- このレポートの「問い」（目的）と「答え」（主張）を簡潔に示す。
- その中で重要な点や，新しく発見したことを示す。
- 今後の課題に触れる（ない場合もある）。

「結論」は,「序論」で設定したレポートの「問い」に対する「答え」(主張)を示す部分です。「序論」で述べた「問い」を簡潔に紹介し,それに対して本論で得られた「答え」(主張)を述べ,このレポートでわかったことを述べます。字数に余裕がある場合は,わかったことの中から,重要な点や新しく発見したことについて言及してもよいでしょう。最後に,今後の課題について触れることもあります。

「結論」を書く際の注意点は,「序論」に書いた「問い」から出発して,「本論」で論証を行ってきたわけなので,「序論」に記載した「問い」とは異なることを書いてはいけないということです。もし,執筆途中で,最初に設定した「問い」に変更や修正があった場合は,「序論」を修正しましょう。また,「本論」でまったく言及していないことをいきなり「結論」で述べてはいけません。ただし,「今後の課題」は除きます。

なお,「結論」の字数については,レポート全体の字数によっても異なります。先述したように,序論はレポート全体の字数の 10 ～ 15％ぐらいですが,結論は 5 ～ 10％ぐらいを目安にするとよいでしょう。2000 字程度のレポートの場合,序論は 200 字ぐらい,結論は 100 字ぐらいを目安に考えておきましょう。

### ⑶　参考文献リストを整える

「序論」「結論」「本論」の内容について説明しましたが,最後に,参考文献リストについても触れておきます。参考文献として使用した文献や資料は,必ずレポートの末尾に出典をリストとして記載しておきましょう。レポートの中で述べられていることについて,他者がもとの参考文献をたどったり,点検できるようにしておく必要があります。

参考文献リストの書き方は,専門分野によっても異なります。また,レポートを課す授業の担当教員によっても異なる場合があるので,必ず事前に確認しておきましょう。具体的な記載方法については,第8章の説明を確認し,記載内容に漏れがないようにしてください。

# 3
## 本章のまとめ

　以上，本章では「序論・本論・結論」の書き方についてみてきました。

　レポートの構成が「序論・本論・結論」の順になっているからといって，必ずしも冒頭の「序論」から書き始めなければならないということはありません。「序論」は，最初に完成させることが難しく，執筆が難しいと考える人も多いと思われます。最初に「序論」に取り組んでも，なかなか筆が進まず，最終的にテーマを見直さないといけないのではないかと考えてしまう人もいるようですが，「序論」は急がなくてもよいのです。「序論」は一気に書き上げようとせず，仮に書いておいて，「本論」の他の部分を書き進めながら，修正していってください。「序論・本論・結論」のどの部分でもよいので，書きやすいところから書き始めることを勧めます。

　また，アウトラインを必ず確認し，第19章で取り上げたパラグラフ・ライティングを実践しながら書くことが重要です。「本論」においては，「根拠」をどのように提示すれば，「論証型レポート」として説得力があるのかを考えながら執筆しましょう。そして，各章の分量的なバランスも考慮して書き進めてください。字数が決まっている場合は，少し多めに書いてから，あとで短くしていきましょう。

# 4
## 事 後 学 習

　自分の「論証型レポート」について，序論の部分を書いてみましょう。また，本論で使用する調査結果などのデータを選び，自分のレポートの中でどのように引用するか，一部分を書いてみてください。その際に，自分が作成したアウトラインをもとにしながら書いてください。

# 5
## 発展的学習

　自分の「論証型レポート」について，自分が作成したアウトラインをもとに，本論の続きを書いてみましょう。また，その際には，第19章で取り上げたパラグラフ・ライティングを実践してください。

📖 さらに学びたい人への文献案内

**大島弥生・池田玲子・大場理恵子・加納なおみ・高橋淑郎・岩田夏穂**（2014）『ピアで学ぶ大学生の日本語表現――プロセス重視のレポート作成〔第2版〕』ひつじ書房.

**佐渡島紗織・坂本麻裕子・中島宏治・太田裕子**（2022）『課題に応える　卒論に活かせる　大学生のためのレポートの書き方』ナツメ社.

# 第22章

## 事実と意見，自他を分けて書く

### テーマの概要

　本章では，論証型レポートや学術論文を作成するうえで重要な「事実と意見を分けて書くこと」と「自他を分けて書くこと」を学びます。

　まず，「事実と意見を分けて書くこと」とはどのようなことなのでしょうか。

　論証型レポートや学術論文には，感想文に書くような個人的な自分の気持ちや思いを書くことはしません。レポートや論文には，データなどの「事実」と，データに基づく自身の「意見」や「考え」を書きます。このデータに基づく「事実」と，自身の「意見」は，明確に区別して書く必要があります。レポートや論文には，さまざまな読み手が想定されます。どのような読み手が読んだとしても，レポートで取り上げる，背景となっている事実と，自分の意見や考えとを区別できるように，わかりやすく説明しましょう。

　一方，「自他を分けて書くこと」とはどのようなことなのでしょうか。

　「自他」の「自」は，自身が記した主張や定義，自分が収集した調査結果やデータ，そしてその分析や考察などが入ります。「他」には，他者の記した主張や定義，他者が収集した調査結果やデータ，そして他者の分析や考察などが入ります。つまり，「自他を分けて書くこと」は，引用の規則に基づいて，自己と他者がそれぞれ文章として作成したものをはっきりと区別して書くということになります。

この章に入る前に，第７章と第８章を必ず読んでおいてください。

## 本章の達成目標

- ☐ 「事実」と「意見」の違いを理解し，「事実」と「意見」を適切に区別して書くことができる。
- ☐ 「自他を分けて書く」ことを理解し，引用の規則に基づき，適切に書き分けることができる。

# 1
# 事 前 学 習

## (1) 「事実」と「意見」の違いとは

「事実」と「意見」の違いとはなんでしょうか。ここでは，「学術論文用語」としての「事実」と「意見」の違いについて説明します。

まず，学術論文用語としての「事実」は，実際に生じたできごとや，誰でも確かめることができる客観的なもので，誰であってもその真偽を確認し，正しいかどうかを判断することができるものです。注意をしてほしいのは，「事実」として述べられたもののなかで，真偽を確認し「正しくない」，つまり「嘘」だと確認されたものの扱いです。これも学術論文用語としての「事実」に含まれるので注意しましょう。たとえば，「日本には 48 都道府県がある」という文は，間違いですが，「事実」を述べた文です。

一方，「意見」は，その人の考えたことです。考えたことは，主観に基づいているため，他人はその真偽を確認することや，正しいかどうかを判断することができません。ただし，実際には「事実」と「意見」が混ぜて使われている場合があります。

### (2) 「事実」と「意見」を分けて書く

実際に「事実」と「意見」の違いについて，具体例をみてみましょう。

以下の文について，「事実」を述べた文なのか，それとも「意見」を述べたものなのかを判断してください。なお，「事実」と「意見」が混ざっているものもあります。さらに，「事実」を述べた文については，正しいか間違っているかについても判断してください。

> ① 日本は一般的に暮らしやすい。
> ② 日本はまわりを海に囲まれた島国である。
> ③ 日本はアジア大陸の南にある。
> ④ 日本はまわりを海に囲まれた暮らしやすい島国だ。

①は「意見」を述べた文です。「一般的に」と言った場合，だれがどのように判断しているのか非常に曖昧です。また，「暮らしやすい」という評価も主観的なものなので，こちらもだれがどのように判断しているのか，この文からではわかりません。②は地図をみればわかることなので，「事実」を述べた文ですが，③はどうでしょうか。③は実は「事実」を述べた文ですが，内容は正しくありません。つまり「日本はアジア大陸の南にある」というのは間違いですが，客観的に真偽を確認できる（地図などで確認可能）ので，その点ではこの文は「事実」を述べた文になります。

最後に，④はどうでしょうか。「日本はまわりを海に囲まれた」の部分は「事実」ですが，後半の「暮らしやすい」は書き手の「意見」を述べたものです。④の文は「事実」と「意見」が混ざっています。

レポートは，感想文とは異なり，事実と意見を適切に書き分けることが必要です。とくに，論証型レポートでは，根拠となるデータについて言及する必要があります。根拠を述べる際には，できるだけ「意見」を混ぜないように書きましょう。自分の感想や判断，推測などを述べるような表現「〜と思う」「〜かもしれない」「〜ようだ」や，「おそらく」「残念ながら」などの表現は，客観性が失われるのでレポートでは避けたほうがよいでしょう。

## ⑶ 「自他を書き分ける」とは？

次に，自他の書き分けについて取り上げます。

**テーマの概要**でも説明しましたが，「自他」の「自」には，自分が記した主張や定義，自分が収集した調査結果やデータ，そしてその分析や考察などが入ります。一方，「他」には，他者の記した主張や定義，他者が収集した調査結果やデータ，そして他者の分析や考察などが入ります。つまり，「自他を分けて書くこと」は，自己と他者がそれぞれ文章として作成したものをはっきりと区別して書くということになります。その場合に必要なのは，読み手が読んで，明確に自他の区別がわかるのかどうかです。書き手は自分の文章と，参考文献の文章は区別がついているかもしれませんが，曖昧な書き方になっている場合が多々みられます。引用の規則に基づいて，読み手に自他の境界がわかるように，表現を工夫して書き分けましょう。

自他の区別をせずに曖昧に書くことは，読み手にとってわかりにくいだけではなく，不適切な引用として不正行為とみなされることもあるので，ぜひ注意してください。

## ⑷ 自他を書き分ける方法

では，実際にどのようにしたら自他を書き分けられるのでしょうか。

**第8章**で正しい引用の仕方について学びました。直接引用と間接引用の違いや，出典を示す方法（バンクーバー方式，ハーバード方式）などについて思い出してください。正しい引用の方法で，自他を書き分けましょう。

自他の境界を明確に区別するための表現として，とくに引用の始まりと終わりを明確に示す方法があります。

---

引用の始まりと終わりを明確にする

**引用の始まり** ▶ ハーバード方式を用いて，文頭に著者名や著者に準ずる情報を入れ，自分の意見を入れないように述べる。

例：山田（2011）は，日本の少子化対策について〜と述べている。
　　山田（2011）の研究成果によると〜である。

---

> **引用の終わり** ▶ 引用の文末を，引用の助詞「と」を使った文末にする。
>
> 　　例：〜と述べている / 〜と述べられている
>
> 　　　　〜と指摘している / 〜と指摘されている
>
> 　　　　〜という指摘がある
>
> 　　　　〜という研究がある　　　　など

　なお，自分の文章の始まりを明確にしたい場合は，「本稿では〜」や「筆者は〜」などの表現をつかいましょう。

　ところで，学生から「自分のレポートが引用だらけになってしまい，ページ数が多くなってしまうが，どうしたらいいのか」という質問を受けることがあります。まず前提として，本書で目指している論証型レポートは，「問い」に対する自分なりの「答え」について，参考文献や資料などから得られた調査結果や情報を利用しながら論証するものです。その際に，これらの調査結果や情報は，自分自身の意見（あらたな発見や提案，証明）の裏づけとして利用することが重要で，あくまでも自分の文章が中心にならないといけません。他者の研究の成果を，そのまま書き手の成果としないようにしましょう。

　また，「引用だらけになってしまい」という点については，まずは自分自身のレポートの「問い」がよく吟味されておらず，何を明らかにしたいのかが明確でない場合がみられます。一方，「ページ数が多くなってしまう」については，「問い」の検討不足やアウトラインに沿って内容が整理されていない場合があります。その他に，他者の文章を簡潔に要約せず，「直接引用」したり，自分のレポートの根拠として不必要な部分までも引用しているなどのケースがみられます。

　課題として指定されているレポートの分量（文字数など）が 2000 字程度の場合は，字数が限られているので，直接引用をしていると「引用だらけ」になってしまい，自分の文章が主体になりません。字数が限られている場合は，物事や事象の定義は別ですが，「間接引用」を用いて，ポイントを要約して書いてみましょう。モデル・レポートがどのように引用しているかを確認してみてください。

## (5) ワークで確認する

「事実と意見，自他を分けて書く」ために，次の３つの課題に取り組みましょう。

まず 課題 ①として，「事実と意見，自他を分けて書く」に関して，ワークシート📝 Ⅲ−22−1 のワークを行ってください。

次に 課題 ②として，ワークシート📝 Ⅲ−22−2 のワークを行ってください。第21章の ワークシート📝 Ⅲ−21−2 で行った，学術論文の序論についての分析の応用編です。

最後に 課題 ③として，自身が現在作成しているレポートについて，ワークシート📝 Ⅲ−22−3 を用いて自他の書き分けを点検し，必要があれば修正しましょう。また，参考文献リストが最後についているかどうかも確認しましょう。

# 2
## 授　業

## (1) ペアで確かめる

課題をもとに，次の３つの活動を行いましょう。

まず 活動 ❶として，課題 ①をもとに ワークシート📝 Ⅲ−22−1 について，ペアで確認しましょう。

次に 活動 ❷として，課題 ②をもとに ワークシート📝 Ⅲ−22−2 について，ペアで交換し，お互いに課題の共通点や相違点を確認しましょう。

さらに 活動 ❸として，課題 ③をもとに ワークシート📝 Ⅲ−22−3 のチェック結果について，お互いに報告し合いましょう。また，実際に「事実と意見の書き分け」や「自他の書き分け」について，困ったことや迷ったことについて，報告し合ってください。

## ⑵ 「事実」と「意見」の書き分けの工夫

前節⑵では，事実を述べた文，意見を述べた文，事実と意見が混ざった文の3種類の文について紹介しました。次の例文は，意見を述べた文として紹介しました。

> ① 日本は一般的に暮らしやすい。

この文を客観的な事実を述べる文にするにはどうしたらよいでしょうか。たとえば，レポートの中で，日本は暮らしやすい国なのかどうかをテーマに取り上げる場合を考えてください。前節でも説明しましたが，この文は「一般的に」という表現が曖昧なうえに，「暮らしやすい」という評価を誰がしているのかがわからないため，レポートで書く場合には注意が必要です。

では，どのように修正したらいいでしょうか。ポイントは，参考文献や資料から，事実として確認できる根拠を入れながら書くことです。たとえば，「暮らしやすい」と考えている人は誰なのか，そして，それを客観的に証拠として確認することができれば，その証拠を提示しながら表現することができます。

日本における「暮らしやすさ」について，何らかの調査が行われていれば，その調査結果を参考にすることができます。ただし，その調査は信頼性の高いものであることが重要です。たとえば，2022年2〜3月に出入国在留管理庁が行った，「在留外国人に対する基礎調査（令和3年度）調査結果報告書」(p.15)を参考にしてみましょう。この報告書は「暮らしやすさ」について，直接質問は行っていませんが，「生活環境全般の満足度」について質問しています。調査結果をみると，「満足している」と答えた人の割合が最も高く47.0%を占めています。また，「どちらかといえば満足している」は40.8%を占めており，「満足している」と「どちらかといえば満足している」を合わせると87.8%を示しています。一方，「どちらかといえば満足していない」は6.3%，「満足していない」は2.2%，「分からない」は3.7%です。したがって，約9割の在留外国人が日本の生活環境全般に満足感をもっているとみてもいいでしょう。そうなると，もとの①の文は，たとえば次のように変更すると，事実を述べた文になります。

> 2022 年に出入国在留管理庁が在留外国人を対象に行った調査によれば，約9割の回答者が日本の生活環境全般に満足感をもっている。

このように，「事実」を述べる際にも根拠を入れながら記述すると客観性が高くなります。ただし，このようなデータの場合，回答者の属性（年齢，職業，性別，出身，日本語能力，通算在住年数等）によっても回答に差が生じる可能性があるので，もとの調査結果をよく確認することが必要です。

なお，事実と意見が混ざった文は，事実と意見の境界が曖昧になります。できるだけ文を分けて書いた方がよいでしょう。

前節⑵の例文④を分けて書くと以下のようになります。ただし，先述のように，「暮らしやすい」という部分は誰がどのように判断しているかに関して補足が必要です。

**【元の文】**

> ④ 日本はまわりを海に囲まれた暮らしやすい島国だ。

**【修正例】**

> 日本はまわりを海に囲まれている島国である。暮らしやすい国だといわれている。

### ⑶ 「自他を書き分ける」際の注意点

前節⑷で自他を書き分ける方法について取り上げました。引用の始まりと終わりを明確にすることが重要ですが，文章が長くなると，引用の始まりと終わりが曖昧になるので，注意しましょう。

たとえば，次のような例です。前節⑵を間接引用した場合の書き方を見てください。文頭に①～③の番号をつけています。

①中島（2023）によれば，レポートは事実と意見を適切に書き分けることが重要である。②とくに，「論証型レポート」では，データを根拠として言及する必要があり，根拠を述べる場合には「意見」を混ぜないようにしなければならない。③また，自分の感想や判断，推測などで使われる表現は客観性がなくなるので使用を避けることが必要である。

①の文には，「〜によれば」がついているので，この文は参考文献からの引用だとわかりますが，②や③はどうでしょうか。この文では，①だけが間接引用で，②や③は間接引用なのか，それとも筆者の意見なのかが曖昧になっています。このようなことを避けるためには，①〜③の文章の関係を考えながら，表現する必要があるでしょう。以下に修正例を示します。

【修正例】

中島（2023）は，レポートは事実と意見を適切に書き分けることが重要だと述べている。そして，「論証型レポート」の作成における注意点を 2 点紹介している。1つは，「論証型レポート」では，データを根拠として示す必要があるので，根拠を述べる場合には「意見」を混ぜないようにしなければならない点である。もう1つは，自分の感想や判断，推測などで使われる表現は客観性がなくなるので避けたほうがよい点である。

このように書けば，最初の①〜③の文章全体が中島（2023）からの間接引用であることが明確になり，誤解されません。引用部分の文章を要約して間接引用する場合には，ぜひ自他の書き分けに注意し，表現を工夫してください。上記の修正例以外にも表現の方法はありますので，ぜひ考えてみてください。

# 3
## 本章のまとめ

　本章では,「事実と意見，自他を分けて書く」ことを取り上げました。

　「論証型レポート」では，感想文のように，筆者の気持ちや決意表明などを書くことはありません。論証型レポートには，客観的に確認できる事実とそれに基づく書き手の考察や意見（主張）を書くことが求められます。また，意見（主張）を述べる場合にも，あくまでも参考文献などのデータを根拠に述べることが必要です。

　「自他を分けて書く」点については，常に，自他の区別を意識しながら，表現を工夫していくことが必要です。とくに参考文献を引用する際には十分気をつけてください。

　といっても，実際は自分で気がつかない場合も多いので，できれば提出前に第三者にレポートを読んでもらい，指摘をしてもらうことも必要です。


# 4
## 事 後 学 習

　自分が作成しているレポートについて，ワークシート📝 Ⅲ-22-3 でチェックしたポイントをもとに，事実と意見を分けて書いているか，そして，自他を分けて書いているかについて，レポートを確認しましょう。書き分けてない場合は，必ず修正しましょう。

　また，第21章でも参考文献リストの整理について触れていますが，参考文献リストの表記が統一されているかどうかを確認してください。

# 5
## 発展的学習

　日本が現在直面している問題について，テーマを1つ選び，事実と意見を区別してレポートを作成してください。

　その際に事実を示すデータを必ず示してください。

**さらに学びたい人への文献案内**

大島弥生・池田玲子・大場理恵子・加納なおみ・高橋淑郎・岩田夏穂（2014）『ピアで学ぶ大学生の日本語表現——プロセス重視のレポート作成〔第2版〕』ひつじ書房.

佐渡島紗織・坂本麻裕子・中島宏治・太田裕子（2022）『課題に応える　卒論に活かせる　大学生のためのレポートの書き方』ナツメ社.

**本章の参考文献**

出入国在留管理庁（2022）「在留外国人に対する基礎調査（令和3年度）調査結果報告書」https://www.moj.go.jp/isa/content/001377400.pdf［2022年10月31日閲覧］.

# 第23章

## 推敲・添削をする

　本章では，レポートを推敲・添削することの意義とその要点について取り上げます。

　推敲とは，書き始めたレポートの内容や形式などをよりよいものにするために考え，書き直す過程のことを意味します。すべて書き上げてから行う場合もありますし，1章ごと，場合によっては1文ごとに考えては書き直すといったこともあるかもしれません。また，個人で行う作業とは限らず，他者から意見をもらったうえで考え直し，書き直すといった場合もあるでしょう。

　一方，添削とは，基本的には他者の文章に対してコメントをつけたり，書き加えたり削ったりして文章をよりよいものにするために行われます。たとえば，大学受験前に小論文作成に関する講座を受け，教員から添削を受けた経験がある人もいるのではないでしょうか。添削を受けることで，自分ではわからなかった，より適切な表現を知ることができる，気づかなかったミスを修正することができる，などの効果が期待できます。

　内容に一貫性をもたせたり，他者からの批判に応え得るものにしたりするには，十分に時間をかけて推敲・添削を行うことが必要です。学術論文をはじめとするアカデミックな文章は，思いついてから勢いで書き上げられるようなものではありま

せん。実際の文章作成に至るまでに相当な思考が必要ですし，実際に書き始めてから も，書いては止まってまた考えるという過程が必要です。

　本章では，推敲・添削をより効果的なものにするため，そして自分自身だけでなく他者のレポート作成に関する推敲も有意義なものにするためのポイントについて考えていきます。

## 本章の達成目標

- [ ] レポートを推敲することによって得られる成果について他者に説明できる。
- [ ] 実際にレポートを推敲し，適切に添削を行うことを通じてよりよいものにすることができる。

# 1
## 事前学習

### (1) 推敲・添削とは

　文章をよりよいものにするために考え，書き直す一連の活動の過程が推敲です。

　添削については，みなさんは，「教員から文章のよくない点について赤字で直してもらうこと」だと思っているかもしれません。確かにそれは添削です。教員に添削をしてもらえば，直すべき箇所がすぐにわかり，また直し方もわかるので，文章作成の作業は早く進むでしょう。

　しかし，添削とは文章を書き加えたり削ったりすることによってよりよいものにすることを意味します。教員によって行われるものとは限らないのです。

　ですから，大学生として自身の成長，能力の伸長を考えるのであれば，まず

は自分の力で推敲してみましょう。自分の文章を読み返して，修正すべきかどうか考えることも大切な学びの機会です。

推敲には時間がかかります。読み返しては考え，必要に応じて修正する，という一連の活動を何度も繰り返すからです。そのため，推敲をしっかり行うにはそのための時間をしっかりとる必要があるのです。

推敲に十分な時間を取るには，レポート作成になるべく早めに着手しなければなりません。提出期限ギリギリになって慌てて取り組んでいては十分な推敲を行うことができません。考えながら書くため，また，書き上げてからも十分に推敲してよりよいレポートにするために，そして，自身のさまざまな能力を高めるためには，余裕をもってレポート課題に取り組む姿勢が重要です。

なお，推敲・添削は何もレポートに限ったことではありません。みなさんがプレゼンテーションを行う際に作成する資料においても同じように必要な活動です。本書では，プレゼンテーション資料の作り方について第11章で取り上げています。プレゼンテーション資料の推敲のポイントについても言及していますので，参考にしてください。

文章であれプレゼンテーション用資料であれ，書きっ放しで見直しもしないのではよいものは作れません。しっかり推敲して，できるだけよいものに仕上げましょう。

(2)　**課題**①：文章を添削してみよう

まず，**ワークシート**📝 Ⅲ－23－1の練習課題に取り組みましょう。先にも述べたように，添削というと教員にしてもらうものというイメージがあるかもしれませんが，そうとは限りません。教員のように自分より知識が豊かな立場の人から指導を受けるということではなく，1人の読み手として感じたことを素直に表現してみてください。

推敲・添削のポイントはいくつもありますが，内容，構成・表現，体裁・書式と大きく3つに分けられます。練習課題はそれぞれ短い文章なので当てはまらないものもありますが，一般的な推敲のポイントです。次の**チェックリスト**に従って推敲し，添削してみてください。なお，同じ**チェックリスト**は**ワークシート**📝 Ⅲ－23－2にも掲載してあります。

✓内容に関するチェックリスト

| | チェック項目 |
|---|---|
| ☐ | 課題に適した内容のレポートになっているか。 |
| ☐ | 内容に合ったタイトルか（レポート全体，各章など）。 |
| ☐ | 研究倫理違反にあたるような調査や研究はしていないか。 |
| ☐ | 全体の構成は「序論→本論→結論」となっているか。 |
| ☐ | テーマの設定理由は適切に述べられているか。 |
| ☐ | 重要なキーワードは文章中で定義されているか。 |
| ☐ | 序論と結論は対応しているか。 |
| ☐ | 曖昧な表現や，複数解釈が生じるような表現はないか。 |
| ☐ | 結論として何を述べたいのかがはっきりわかるか。 |
| ☐ | 序論や本論で述べていない内容が突然結論に現れるようなことはないか。 |
| ☐ | 客観的な事実によって根拠が組み立てられているか。 |
| ☐ | 個人的なエピソードが含まれていないか。 |

✓構成・表現に関するチェックリスト

| | チェック項目 |
|---|---|
| ☐ | 1文は短く簡潔に書かれているか。 |
| ☐ | 1つの文は1つの話題だけを扱っているか。 |
| ☐ | それぞれの文は多義文（2つ以上の意味に解釈できる文）になっていないか。 |
| ☐ | 1つのパラグラフは1つの話題だけを扱っているか。 |
| ☐ | サポーティング・センテンスはトピック・センテンスを適切に説明できているか（第17章参照）。 |
| ☐ | パラグラフ内の各文は意味のあるつながりになっているか。 |
| ☐ | パラグラフ間は意味のあるつながりになっているか。 |

| | |
|---|---|
| ☐ | 話し言葉は用いられていないか。 |
| ☐ | 主語と目的語，主語と述語などがねじれた文はないか。 |
| ☐ | 主語や目的語が曖昧な文はないか。 |
| ☐ | 主観が入った表現で書かれていないか。 |
| ☐ | 決まり文句を安易に使っていないか。 |
| ☐ | 句読点は適切に用いられているか。 |
| ☐ | 同じ言葉を別の表現で書いていないか。 |
| ☐ | 漢字・ひらがな・カタカナの使い分けは適切か。 |
| ☐ | 算用数字と漢数字の使い分けは適切か。 |
| ☐ | 数値の表現の仕方は適切か（2 桁以上の数値は半角で書きましょう）。 |
| ☐ | 数値が行をまたがって書かれていないか。 |

✓体裁・書式に関するチェックリスト

| | チェック項目 |
|---|---|
| ☐ | 誤字・脱字はないか。 |
| ☐ | パラグラフ冒頭は 1 字下げになっているか。 |
| ☐ | ページ番号は適切につけられているか。 |
| ☐ | 引用は規則に則って行われているか。 |
| ☐ | 参考文献一覧は指定された形式で作成されているか。 |
| ☐ | 指定された用紙サイズ，レイアウト，フォントの設定になっているか。 |
| ☐ | 指定された字数で書かれているか（「〇〇字以内」「〇〇字以上」「〇〇字程度」などの表現に注意しましょう）。 |
| ☐ | 表紙には指定された内容がすべて記載されているか。 |

(3) 　課題　②：レポートがある程度書き上がっている場合

　今度は自分の書いたレポートの推敲に取り組みましょう。チェックポイントは　課題　①と同じです。

　作成途中の自分のレポートをいわば他者の目線からチェックします。「この表現でよいのか？」「1文が長すぎるのでは？」など気になった点について，紙であれば赤字で書き込みましょう。データの場合，コメントをつける機能はありますが，画面では書式のずれなどに気づかない場合も多いので，データの場合でも印刷して赤字で書き込んでみてください。

　データの場合，すぐに本文を修正することも可能ですが，自分はどのような点で引っかかりやすいのかを知ることも大切です。ですから，いきなりデータに手を加えるのではなく，まずは吹き出しを付けて質問やコメントを書き込んだり，気になる部分に下線を引いたりしてみましょう。立ち止まってしっかり見直すことも大切な学びの機会です。なお，このコメントつきレポートは授業内での活動で用います。

　ここで重要なのは文章を直すことではありません。レポートに対して1人の読み手として向き合い，読み手としての自分が気になったことを書き手としての自分に伝えることです。つまり，レポートを介して読み手と書き手とコミュニケーションをとるということであり，まずはそのことを1人でやってみます。

　ある程度の分量ができてから行う推敲の観点としては，たとえば以下のようなものが考えられます。先ほど内容，構成・表現，体裁・書式それぞれに関するチェックポイントを示しましたが，文章が長くなるとまた別の観点が出てきます。以下の**チェックリスト**を参照してください。なお，同じ**チェックリスト**はワークシート🗒 Ⅲ-23-3 にも掲載してあります。

✓文章全体を見返す際のチェックリスト

| | チェック項目 |
|---|---|
| ☐ | 章タイトルとその章の内容とは合致しているか。 |
| ☐ | このレポートの主張は一読して理解できるか。 |

| ☐ | 主張を裏づける根拠ははっきり示されているか。 |
| --- | --- |
| ☐ | 話題がずれて，話の流れがわかりにくくなっている箇所はないか。 |
| ☐ | 最初と最後で主張がずれてはいないか。 |
| ☐ | パラグラフ・ライティングはできているか。 |

【コメントの入れ方の例】

「そのこと」とは？　　　　　　　断定していい？

　大学に進学する理由は非常に多様である。医学部や歯学部への進学者は，目指す進路が明確であるだろう。その一方，法文学部や理学部などはそうではない。そのこと自体は問題ではなく，重要なのは大学で何をしたいか，何を学びたいかを明確にして進学することである。

　しかし，学びたいことを明確にして進学しても，大学入学直後に中心となるのは共通教育である。つまり，学びたいと考えた専門教育は，1年生の段階ではあまり学べないのである。このため，この段階でモチベーションが下がってしまう学生も少なくない。共通教育を学ぶ意義がよくわからないためである。

「共通教育」は私たちの大学の用語で一般的ではないって授業で聞いたよ

【コメントへのコメントの付け方の例】

確かに理学部で教員志望の人もいるね

「そのこと」とは？　　　　　　　断定していい？

　大学に進学する理由は非常に多様である。医学部や歯学部への進学者は，目指す進路が明確であるだろう。その一方，法文学部や理学部などはそうではない。そのこと自体は問題ではなく，重要なのは大学で何をしたいか，何を学びたいかを明確にして進学することである。

　しかし，学びたいことを明確にして進学しても，大学入学直後に中心となるのは共通教育である。つまり，学びたいと考えた専門教育は，1年生の段階ではあまり学べないのである。このため，この段階でモチベーションが下がってしまう学生も少なくない。共通教育を学ぶ意義がよくわからないためである。

「共通教育」は私たちの大学の用語で一般的ではないって授業で聞いたよ

そうなんだ！？知らなかった……

# 2
## 授　業

(1)　活動 ❶：課題 ① の確認

課題 ①について，添削した**ワークシート** III-23-1 を交換してください。そして，添削した箇所や添削の仕方の違いについて，これまでに挙げたチェックリストに従って確認しましょう。同じ文章に対する添削でも個々の違いがあるので，自分では気づかなかった視点が得られるはずです。

なお，添削の仕方は 1 つだけではありません。ですから，同じ部分に対して異なる添削の仕方をしていても，どちらも問題ない場合もあります。

(2)　活動 ❷：課題 ② の確認

課題 ②については，コメントを書き込んだ自分のレポートを持参して交換し，互いに読み合いましょう。そして，相手のレポートに対して気になった点を書き込みましょう。レポートの原文に対してでも，書き込まれたコメントに対してでもかまいません。自分自身のレポートと共通する点もあれば，まったく異なる点もあるでしょう。いずれの場合でも，気になった点や疑問に感じた点を素直に書き込んでください。

ここで行うのはあくまで 1 人の読み手としてコメントをすることです。「自分には書かれている内容がよくわからなかった」とコメントしたからといって，相手の文章を否定していることにはなりません。少なくとも 1 人，今のレポートのままでは伝えたい内容がうまく伝わらない人がいるのだということを相手に知ってもらうことが重要です。

なお，修正をする必要はありません。実際に文を修正するかどうかを決めるのは文章に責任をもつ書き手です。自分自身からのコメントとペアの学生からのコメントの双方を踏まえて再度推敲し，修正するかどうか，するならどのようにするかを考えるのは書き手にとって非常に重要な学びの機会です。考える過程こそが重要です。今は限られた授業時間内の活動ですが，授業終了後には

事後学習として再度推敲し，修正するかどうかを考えてみてください。

### (3) コメントの確認

お互いのレポートにコメントをし終えたら，再度交換して目を通しましょう。その中で，すぐに説明できる点については説明しましょう。意図がうまく伝わらなかった点や誤解されてしまった点については，説明を加えておきましょう。

受けたコメントに対して説明し合ったら，ワークシート📋 Ⅲ-23-4 に従い，自身の文章に見られる問題点についてまとめましょう。自分で気がついた点もあれば，相手からのコメントを読んで初めてわかったこともあったでしょう。文章を作成する際に自分がやりがちな問題点を把握しておくことで，今後文章を作成する際，また推敲する際の指針が得られます。

# 3
## 本章のまとめ

推敲は，文章や資料を作成する際に必ず行うべき活動のひとつです。このことは，レポートやプレゼンテーションに限ったことではありません。たとえばメールなどで教員に連絡をする際にも必要です。学生からのメールでは，ときとして氏名が書かれていなかったり，長文であるにもかかわらず何がいいたいのかわからなかったりする場合もみられます。そのような事態を防ぐためにも，文章を書いたら必ず推敲する習慣を身につけましょう。

そして，推敲する際には第1節の(2)や(3)で示したチェックポイントに注意するようにしましょう。どのような点に気をつけて推敲すればよいのかを知っておくことで，初稿の段階から質の高い文章を書けるようになるはずです。

なお，推敲は，文章をすべて書き上げた後で行う活動とは限りません。1文ごと，1つのパラグラフごと，1章ごとなど，自分なりのタイミングで少しずつ推敲を重ね，考えては書き直すことを繰り返しながら文章を育てていきましょう。

もちろん，だからといってすべて書き上げた後での推敲が不要ということに

はなりません。首尾一貫したレポートになっているかなど，書き上げてみないとわからないこともあります。そのときどき，目的に応じて推敲を行い，必要に応じて修正しましょう。

　本章ではペアの学生と協力して推敲を行う活動を取り上げましたが，その際には注意も必要です。ペアの学生からコメントをもらうことは有意義ですが，鋭いコメントが数多くなされていると，自分の文章力のなさを感じて落ち込んでしまうかもしれません。また，否定的なコメントがなされている場合には自分が攻撃されているかのように感じられることもあるでしょう。

　文章に対する協働での推敲は，あくまで文章をよりよいものにするための建設的なコメントとして行いましょう。そして受け止める際には，建設的なコメントを踏まえてよりよい文章となるよう推敲しましょう。否定的なコメントがされた場合には，それは文章に対するものであり，みなさん自身が否定されているわけではないことを理解して臨みましょう。

# 4
## 事 後 学 習

　この授業で作成しているレポートについて，ペアの学生から受けたコメントやワークシート📝 III-23-4 に記入した内容を踏まえて再度推敲し，修正しましょう。

# 5
## 発展的学習

　今回，ペアの学生から受けたコメントを踏まえながら，他の授業で作成中のレポートについても推敲してみてください。その際には，ワークシート📝 III-23-2 やワークシート📝 III-23-3 のチェックリストも活用しましょう。また，ワークシート📝 III-23-4 でまとめた内容についてもしっかり確認しま

しょう。

さらに学びたい人への文献案内

**大島弥生・池田玲子・大場理恵子・加納なおみ・高橋淑郎・岩田夏穂**（2014）『ピアで学ぶ大学生の日本語表現——プロセス重視のレポート作成〔第2版〕』ひつじ書房.

**佐渡島紗織・坂本麻裕子・大野真澄**（2015）『レポート・論文をさらによくする「書き直し」ガイド——大学生・大学院生のための自己点検法29』大修館書店.

※あくまでも一例です。ルールは提出先によって異なります。

(1) **使用言語**：日本語。

(2) **用紙の設定**：Ａ４版用紙を縦置きにし，左から横書きで執筆。

(3) **レイアウト**：本文……39字×35行，10.5ポイント。

　　　　　　　　　注と参考文献……39字×35行，9ポイント。

(4) **句読点**：基本的に「。」「，」（「，」の代わりに「、」で統一してもよい）。

(5) **文字数**：2000字（±200）程度。ただし，参考文献および注は文字数には含めない。

(6) **原稿の構成**：表紙→本文→参考文献一覧の順序で整え，ページ番号をつける。

(7) **表紙**：科目名，曜日時限，担当教員名，題目，所属，学籍番号，氏名，字数，提出日を記載。

(8) **本文**：冒頭に，(7)に挙げた内容を書く。

(9) **注**：脚注か文末脚注で統一し，通し番号をつける。

(10) **図表**：すべての図表に，図表番号とタイトルをつける。番号とタイトルをつける位置は，表の場合は，当該表の上，図の場合は，当該図の下。

(11) **参考文献一覧と引用との対応**：ハーバード方式かバンクーバー方式のいずれかで統一。

(12) **参考文献一覧の記載**：（編）著者名，発行年，論文名，頁等を以下に準じて記載する。

［雑誌論文］

　　第一著者・他の著者（発行年）「論文名」『雑誌名』巻数（号数）：頁数.

　　例：服部四郎（1976）「上代日本語の母音体系と母音調和」『言語』5（6）: pp. 2
　　　　−14.

［論集などに所収の論文］

　　第一著者・他の著者（発行年）「論文名」編者（編）『論文集名』頁数：出版者.

　　例：金田一京助（1955）「アイヌ語」市河三喜・服部四郎（編）『世界言語 概説
　　　　下』pp. 727−749：研究社.

［書籍］

第一（編）著者名・他の著者名（発行年）『書名』：出版者.

例：柴谷方良（1978）『日本語の分析──生成文法の方法』：大修館書店.

［ウェブサイト］

著者名または機関名（発表年）「サイト名」URL［アクセス年月日］.（発表年不明の場合省略可）

例：文化庁「平成24年度「国語に関する世論調査」の結果について」http://www.bunka.go.jp/kokugo_nihongo/yoronchousa/h24/pdf/h24_chosa_kekka.pdf［2022年6月14日閲覧］.

(13) 担当教員がルールを変更・追加・削除した場合は，その指示に従う。

20XX 年度 初年次セミナーⅡ最終レポート（水曜 4 限，担当：△△先生）

# 鹿児島県内のことばの消滅危機
## —記録保存活動と継承活動の必要性—

○○学部○○学科○○専攻
学籍番号○○○○○○○
氏名：桜島ハナコ
（本文総文字数：2132 文字）
提出日：20XX 年○月 × 日

## 鹿児島県内のことばの消滅危機
### —記録保存活動と継承活動の必要性—

○○学部○○学科○○専攻　学籍番号：○○○○○○○　桜島ハナコ

### 1.　はじめに

　21 世紀現在，世界各地でことばの消滅が進行している（UNESCO 2010）。ことばは，その土地・民族のアイデンティティーの 1 つであり，歴史・文化・思考・知識を反映した文化財としての価値を有する。その消失は，決して小さい問題ではない。

　本稿の目的は，この危機が鹿児島県にとって他人事ではないことを示し，具体的な対策を提案することである。本稿は，各地方言の記録保存活動に大学生の力を活用するという案および，行政・教育機関主導の継承支援を充実させるという案を示す。

### 2. 世界レベルの危機

　ユネスコは 2009 年，消滅の危機にある言語・方言のリストを発表した。21 世紀現在の世界に 6000 から 7000 存在する言語・方言のうち，約 2500 がすでに消滅の危機にあるという内容である（UNESCO 2010）。

　そしてこの発表は，日本そして鹿児島にとって，ことばの消滅危機が他人事ではないということを示している。発表には表 1 のように，日本のことばとして 8 つが含まれている。そしてその中には，同表下線部のように，鹿児島県の奄美，喜界島，徳之島，与論島，沖永良部島が含まれている。このように世界基準で「危険」であると認められていることばが，すでに鹿児島県内にあるのである。

表 1　UNESCO（2010）に記載された日本の危機言語（方言）[1]（鹿児島県に下線）

| **Vitality**（危機度） | **Language**（言語） |
|---|---|
| Critically endangered<br>（極めて深刻） | Ainu（北海道—アイヌ） |
| Severely endangered<br>（重大な危機） | Yaeyama（八重山諸島），Yonaguni（与那国島） |

| Definitely endangered (危険) | Hachijō（八丈島, 青ヶ島）, Amami（奄美大島, 喜界島, 徳之島）, Kunigami（与論島, 沖永良部島, 沖縄本島北部）, Okinawa（沖縄本島中部および南部, 周辺諸島）, Miyako（宮古島, 周辺諸島） |
| --- | --- |

## 3. ユネスコの発表は氷山の一角

　その他のことばも，ユネスコのリストに挙がっていないからといって，安泰であるとは言い切れない。たとえば，鹿児島県薩摩川内市甑島の方言は，ユネスコのリストには挙がっていないが，2011年に行われた調査により，「重大な危機」にある[2]ことが明らかとなった（木部・山田・下地 2011, p.77）。鹿児島市内の方言についても，語彙・文法・音韻の特徴の多くが若年層に継承されていないことが指摘されつつあり（坂井 2020 未公表講義資料），まだ明らかとなっていない危機が潜在している可能性がある。

## 4. 鹿児島における危機の構造

　鹿児島にことばの消滅危機が迫っている背景には，近現代の方言弾圧が関わっていると考えられる。明治中期以降，日本全体で標準語の教育が盛んに行われる中で，一部地域では方言を悪とみなす動きが起こった（下地 2017, p.7）。鹿児島はその地域の1つであり，とくに戦時中の鹿児島においては，方言を話した者に体罰を与えたり，首に「方言札」をかけて辱めたりと，激しい弾圧が行われた（木部 2011, p. 74）。このことから，2020年現在の高齢層の中には，方言を嫌う者もいるという（坂井 2020 未公表講義資料）。この弾圧を契機に，方言の使用機会が大幅に減り，その後の世代にことばが継承されなくなったというのが，鹿児島の危機の構造であると考えられる。

## 5. 対策案——保存と継承

　第1節で述べたように，言葉はその土地の文化財である。鹿児島のかけがえのない財産を守るべく，本節では以下，「保存」と「継承」の2つの観点から対策案を述べる。

### 5.1. 大学生の力を活かした記録保存活動

　ことばの姿を伝えるには，「ボアス派の3点セット」①文法書，②辞書，③テキストに加え，現代では「包括的な一次資料（音声，映像）」が必要であるとされる（當

山2022)。別の表現をすると，ことばが消える前にこの4点を揃えなければ，その
ことばの姿を必要十分な形で後世に伝えることができない。4点の作成は，非常に
多くの時間と労力を要する。さらに，鹿児島のことばは多様であり，島ごと地域ご
とに特徴が異なるため，それぞれ4点を揃える必要がある。消滅のタイムリミット
が迫る中で，この膨大な作業を少数の言語学者で行うだけでは，間に合わない。

　ここで注目されるのが，大学生の力である。授業で4点の作成技術を学び，親戚
や下宿先の地域の方々の協力を得て，4点の一部でもレポートや卒業論文に反映す
る。そうすれば，それは重要な記録資料となり，大学の学びを活かした地域貢献と
なる。大学生の力の活用が，今後期待される。

### 5.2.　行政や教育機関主導での継承支援

　5.1は，消滅を見据えた対策であった。しかし，まだ鹿児島の各地のことばは生
きている。本節では，ことばを生きた状態で残すための継承支援を提案する。

　すでにいくつかの実践例（MBC南日本放送2020等）もあるが，まずは行政や
教育機関が積極的に働きかけ，継承のきっかけを作るのが有効であると考えられる。
この場合，やみくもに「ウケ」を狙った戦略や一時的な対策では，本質的な効果は
見込めない。方言弾圧の歴史も含めて正しい知識を子どもたちに教えたうえで，定
期的に，方言話者と子どもたちをつなぐ機会を設けるのが有効である。たとえば学
校教育の「総合的な時間」等を定期的に活用し，地元の高齢者を「先生」として招
いて，子どもたちと方言でコミュニケーションをとる。そうすれば，一過性のブー
ムや詰込みではなく，習得に近い形での方言学習をおこなえる。

　これらをきっかけとして，子どもたちが方言に関心を抱けば，方言の場は家庭や
地域コミュニティなどにも定着し得る。生活の中でその土地のことばを聞きながら
習得するというのは，まさに言語継承の自然な姿である。この段階まで支援を継続
すれば，危機を回避できる。

### 6.　まとめ

　本稿では，鹿児島県の伝統的なことばが消滅の危機にあるということを示し，対
策案として，大学生による記録保存活動と，行政と教育機関による継承活動支援を
提案した。

　話者の年齢を考慮すると，時間は限られている。早急な行動が求められる。

注

1　ユネスコの定義では，「言語」と「方言」を区別していない。
2　木部・山田・下地（2011）は，UNESCO（2010）と同じく，UNESCO Ad Hoc Expert Group on Endangered Languages（2003）の測定法を用いている。

## 参考文献

木部暢子（2011）「鹿児島県甑島方言」木部暢子・三井はるみ・下地賀代子・盛思超・北原次郎太・山田真寛『文化庁委託事業　危機的な状況にある言語・方言の実態に関する調査研究事業　報告書』pp.69-76：国立国語研究所．

木部暢子・山田真寛・下地賀代子（2011）「危機の度合いの判定」木部暢子・三井はるみ・下地賀代子・盛思超・北原次郎太・山田真寛『文化庁委託事業　危機的な状況にある言語・方言の実態に関する調査研究事業　報告書』pp. 77-90：国立国語研究所．

MBC 南日本放送（2020）「方言の文化の継承を　中学校で鹿児島弁の授業」『MBC NEWS』2020年6月9日，https://www.mbc.co.jp/news/mbc_news.php?ibocd=2020060900042564 ［2020年6月12日閲覧］．

坂井美日（2020）「日本列島の言語・方言——その歴史と現状」『方言学』講義配布資料．

下地理則（2017）「消えて行くコトバ，消えて行く私たち（上）」『春秋』590：pp.5-8：春秋社．

當山奈那（2022）「琉球列島の言語再活性化と言語記述」スラブ・ユーラシア研究センターセミナー 2022 発表資料．

UNESCO Ad Hoc Expert Group on Endangered Languages（2003）Language Vitality and Endangerment. *Document submitted to the International Expert Meeting on UNESCO Programme Safeguarding of Endangered Languages.* Paris. http://www.unesco.org/new/fileadmin/MULTIMEDIA/HQ/CLT/pdf/Language_vitality_and_endangerment_EN.pdf ［2020年6月5日閲覧］．

UNESCO（2010）*Atlas of the World's Languages in Danger*, 3rd ed.（ed. by Moseley, C.）Paris: UNESCO Publishing. http://www.unesco.org/culture/en/endangeredlanguages/atlas ［2020年6月5日閲覧］．

20XX 年度 初年次セミナー II 最終レポート（月曜 5 限，担当：▲▲先生）

# ノヤギ問題の実態と対策

○○学部○○学科○○専攻
学籍番号○○○○○○○
氏名：騎射場一郎
（本文総文字数：2131 文字）
提出日：20XX 年○月 × 日

## ノヤギ問題の実態と対策

〇〇学部〇〇学科〇〇専攻　学籍番号〇〇〇〇〇〇〇　騎射場一郎

## 1．はじめに

　ヤギは，広く世界中で飼われている家畜の 1 つである。日本においても，沖縄県や鹿児島県の奄美群島を中心に，全国で飼育されている[1]。

　一方で，ヤギが原因となる問題も生じている[2]。わが国でも，島嶼地域では，希少植物への食害や生態系の破壊に対する懸念から，さまざまな施策が国や自治体から行われている。しかしながら，これは決して限られた地域の問題ではない。そこで，本稿では，ヤギの問題が身近に迫っていることを確認するとともに，問題をこれ以上進めないための方策について検討した。

## 2．ヤギ飼育の現状

　ヤギは，イヌに次いで歴史の古い家畜であり，世界中で飼育されている家畜の 1 つである[3]。FAO の統計では，ヤギの飼育頭数は 2020 年現在で約 11 億頭とされ，2016 〜 2020 年の 5 年間で約 1.23 倍の増加を示している[4]。9 世紀に始まったとされるわが国でのヤギ利用は，粗放な飼養管理や粗食にも耐えることや牛などに比べて

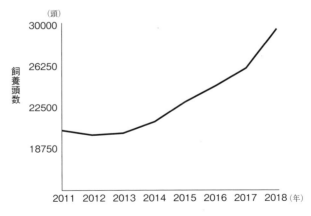

図 1　日本のヤギ飼育頭数の変化[1]

小型な体格もあり，とくに戦後から昭和の中期にかけて全国で盛んに飼育されていた[3]。最盛期であった1957年の669200頭をピークに，その後は大きく頭数を減らしたが，近年になって再び飼育頭数が増加している（図1）[1]。訪日外国人の増加に伴うハラルフード需要や健康志向の高まりなどもあり，ヤギの飼育頭数はさらに増加することが見込まれている。主税ら[5][6]は，ヤギの飼育目的を調査した結果，食肉や乳生産ばかりでなく，伴侶（ペット）や教育のほか除草目的で飼養されていることから，ヤギの利用が多様化していることを指摘している。

### 3. 奄美群島でのノヤギ問題

　ヤギの飼育頭数が増える一方で，ヤギによる問題も日本各地で起きている（図2）。ヤギは，貧弱な植生でも生息でき，環境の変化に対する適応力が高いため，人の管理下から離れても定着し，容易に再野生化してしまう[2]。人の管理が行き届かず，結果的に再野生化してしまったヤギをノヤギという。鹿児島県の奄美大島とその周辺

五島，壱岐，平戸
伊豆諸島
沖縄諸島
奄美群島
小笠原諸島
先島諸島

図2　ノヤギの移入地域（国立環境研究所「侵入生物データベース[2]　ヤギ」より筆者作成）

の島々では，2006年頃よりノヤギの問題が指摘されている。[7] この地域では，肉用目的で飼われていたヤギが放し飼いの結果，再野生化した。そのため，島内5市町村では，これ以上の野生化が進まないように2008年に放し飼いを禁止する条例を施行している。[8]

　奄美におけるノヤギによる食害は，植生破壊にとどまらず，土砂の崩落まで起こしている。餌となる葉や芽を食べ尽くすばかりでなく，残った樹皮や樹根も食べてしまうため，植物が再生できず，土壌の流出に至る。2006年には，海上保安庁所管のヘリポートが使用不能になるなど深刻な被害が生じた。[9] この事態を受けて，国は狩猟鳥獣に指定し，奄美群島のノヤギの捕獲を推進している。[10]

　その一方で，ノヤギの頭数は増加している。鹿児島県は，2021年に実施したノヤギの生息状況調査において，前回調査の2014年度に比べ，頭数が3割以上増えたとしている。[11] 年間で200～300頭が捕獲されているが，それ以上に繁殖していることになる。[12] 温暖な気候と餌となる植物の豊富さによって，ヤギにとっての生息条件がよいことから，捕獲を上回るだけの繁殖が起こっていると思われる。

## 4. 更なるヤギの再野生化の可能性

　ヤギの再野生化は，どこでも起こり得る。奄美の例のように，飼養管理に長けている畜産農家でもヤギを再野生化させている。不慣れな人が安易にヤギ飼育を行えば，脱走の可能性はより高くなる。千葉県佐倉市では，趣味で飼っていた子ヤギが逃げ出し，1年以上にわたって，京成本線の線路沿いに住み着くという騒動が起きた。[13] 鹿児島県霧島市では，除草を目的として飼育されていたヤギ2頭の行方がわからなくなっている。[14] この2頭は，専用の柵と鳥獣ネットで囲われた畑で放牧されていた。上記以外にも，ヤギが脱走したという報道は多い。[15,16] ヤギの特性を考えると，同様の事態はどこでも起こり得ることであり，安易なヤギ飼育が増えることで，再野生化の危険性はより一層増すと思われる。

## 5. ヤギを再野生化させないために

　ヤギの再野生化を防ぐためには，繁殖の管理が最も重要である。そこでは，ノネコ対策が参考になる。

　ノネコは，元々人が飼っている家ネコが再野生化し，定着した動物である。ノネコもまた，地域の希少な固有種を捕食しており，大きな問題となっている。[17] ノネコ対策に成功した東京都小笠原村では，新たなノネコを生み出さないために，飼いネコの不妊・去勢手術による増殖管理を徹底している。[18] これによって，たとえ脱走す

るネコが現れても，増殖する恐れはない。ヤギの場合でも，生後間もない時期に比較的容易に実施できるオスの去勢を行うことは，ノヤギ問題におけるよい予防策となる。

　ヤギを飼育する場合には，目的に関わらず家畜伝染病予防法など法令等に従い，登録を行う必要がある。[19]　農水省や都道府県は，ヤギが脱走しやすいことや繁殖管理についての技術情報を積極的に提供するべきである。とくに除草や愛玩目的の場合，販売者に対して，情報の周知を徹底させる必要がある。

## 6.　まとめ

　ヤギの飼育が増えている現在，ノヤギ問題は，限られた地域の問題ではなく，どこでも起こり得る問題である。ノヤギ問題を全国に広めないためにも，行政はヤギの飼育についての啓発を進め，繁殖のコントロールを徹底するよう周知する必要がある。

## 参考文献

1　畜産技術協会（2017）「山羊統計（統計都道府県別山羊飼養推移）」http://jlta.lin. gr.jp/sheepandgoat/goat/toukei.html［2022年7月10日閲覧］.

2　国立環境研究所「侵入生物データベース　ヤギ」https://www.nies.go.jp/ biodiversity/invasive/DB/detail/10290.html［2022年7月10日閲覧］.

3　天野卓（2010）「ヤギ」正田陽一編『品種改良の世界史 家畜編』pp.294-309：悠書館.

4　FAOSTAT Statistics division, Food and Agriculture Organization of the United Nations（2022）. https://www.fao.org/faostat/en/#data/QCL［2022年7月10日閲覧］.

5　日本経済新聞（2021）「ヤギ飼養，5年で5割増 新規就農でチーズ作り 伝統のセリで全国へ」2021年3月27日，https://www.nikkei.com/article/ DGXZQODJ128PV0S1A310C2000000/［2022年7月10日閲覧］.

6　主税裕樹・大島一郎・髙山耕二・中西良孝（2013）「わが国における山羊飼養の実態——アンケート調査結果から」『日本暖地畜産学会報』56（2）: pp.167-170.

7　中西良孝（2017）「薩南諸島のノヤギ問題と対策について」鹿児島大学生物多様性研究会編『奄美群島の外来生物 生態系・健康・農林水産業への脅威』pp.206-214：南方新社.

8　鹿児島県（2011）「奄美群島版 自然への配慮ガイドラインハンドブック——奄美の自然と共生するために」https://www.pref.kagoshima.jp/ad13/kurashi-kankyo/kankyo/ amami/documents/hanndobukku1.pdf［2022年7月17日閲覧］.

9　環境省（2010）「中央環境審議会野生生物部会平成22年5月26日（水）14:00～16:00

配布資料 2-3 ノヤギについて」https://www.env.go.jp/council/former2013/13wild/y130 -16/mat02_3.pdf〔2022 年 7 月 10 日閲覧〕.

10　鹿児島県（2017）「鹿児島県侵略的外来種カルテ」https://www.pref.kagoshima.jp/ ad04/documents/58074_20170401114539-1.pdf〔2022 年 7 月 10 日閲覧〕.

11　南日本新聞（2022）「希少な植物食い荒らす，生態系にも脅威…増えすぎた野 生化ヤギ，どうする？ 世界自然遺産の奄美大島」南日本新聞 2022 年 3 月 16 日, https://373news.com/_kikaku/amami/article.php?storyid=153086〔2022 年 7 月 10 日 閲覧〕.

12　神田和明（2022）「世界遺産，野生化ヤギが脅かす『捕獲の意欲わかない』猟友会 の事情」『朝日新聞デジタル』2022 年 6 月 14 日, https://www.asahi.com/articles/ ASQ6F7R71Q6FTLTB006.html〔2022 年 7 月 8 日閲覧〕.

13　千葉日報（2020）「子ヤギが脱走 急斜面に迷い込み 1 カ月半 佐倉市，捕獲 に頭悩ませ」『千葉日報』2020 年 7 月 9 日, https://www.chibanippo.co.jp/news/ local/704865〔2022 年 7 月 17 日閲覧〕.

14　南日本新聞（2022）「盗まれた？ 草取り訓練中のヤギ 2 匹が消える 飼い主『家族 のような存在なのに』霧島」南日本新聞 2022 年 5 月 16 日, https://373news.com/_ news/storyid/156169/〔2022 年 7 月 6 日閲覧〕.

15　横田美晴（2019）「メ～わくかけました 脱走の 3 頭，警察が保護し飼い主へ 桜井 ／奈良」『毎日新聞』2019 年 5 月 26 日, https://mainichi.jp/articles/20190526/ddl/ k29/040/308000c〔2022 年 7 月 17 日閲覧〕.

16　北國新聞（2021）「ヤギ 2 匹『好物メェ～っけ』印刷会社出没 金沢・打木 近所 の飼い主宅から脱走」『北國新聞』2021 年 10 月 23 日, https://www.hokkoku.co.jp/ articles/-/560591〔2022 年 7 月 17 日閲覧〕.

17　神田和明（2019）「天然記念物ケナガネズミの死骸が見つかる 猫が捕食か」『朝日新 聞デジタル』2019 年 4 月 9 日, https://www.asahi.com/articles/ASP493HR2P47TLTB 00H.html〔2022 年 7 月 8 日閲覧〕.

18　小笠原村環境課（2015）「集落のネコ対策」https://www.ogasawaraneko.jp/ 集落の ネコ対策 /〔2022 年 7 月 18 日閲覧〕.

19　中央畜産会（2021）「飼養衛生管理基準ガイドブック 牛，水牛，鹿，めん羊，山羊編」 https://jlia.lin.gr.jp/eiseis/pdf/shiyoeiseikanrikijun_gb_ushi.pdf〔2022 年 7 月 18 日 閲覧〕.

【有斐閣ブックス】

# ピア活動で身につける アカデミック・スキル入門
*Academic Skills: Acquire through Peer Activities*

2023 年 3 月 25 日 初版第 1 刷発行
2024 年 11 月 10 日 初版第 3 刷発行

| | |
|---|---|
| 編　者 | 伊藤奈賀子・河邊弘太郎・坂井美日 |
| 発行者 | 江草貞治 |
| 発行所 | 株式会社有斐閣 |
| | 〒101-0051 東京都千代田区神田神保町 2-17 |
| | https://www.yuhikaku.co.jp/ |
| 装　丁 | 与儀勝美 |
| 組　版 | 田中あゆみ |
| 印　刷 | 株式会社理想社 |
| 製　本 | 大口製本印刷株式会社 |
| 装丁印刷 | 株式会社亨有堂印刷所 |

落丁・乱丁本はお取替えいたします。定価はカバーに表示してあります。
©2023, Nagako Ito, Kotaro Kawabe, Mika Sakai.
Printed in Japan. ISBN 978-4-641-18465-7